FACTVM,
Contenant l'Histoire tragique;

POUR le Sieur Martin Marcara Avachinz de la ville d'Hispahan, Capitale de Perse, Conseiller au Conseil Souverain de l'Isle-Dauphine, & Directeur des Comptoirs de la Compagnie Françoise des Indes Orientales dans les Indes & dans la Perse, Demandeur en Requeste presentée au Conseil de Sa Majesté, du 6. Mars 1676. Et Michel Marcara, son fils. *Qualité.*

CONTRE les Sieurs Directeurs generaux desdites Indes Orientales, Deffendeurs.

A contestation presente des parties procede de plusieurs chefs de Demandes que font lesdits sieurs Marcara, pere & fils, aux sieurs Directeurs, dont les premiers & principaux sont, *Chefs de demandes.*

1°. A ce qu'iceux sieurs Directeurs soient condamnez payer audit sieur Marcara pere, en sadite qualité de Directeur desdits Comptoirs, ses appointemens à raison de sept mille deux cens livres par chacun an, à compter du 23. Decembre 1666. jour de son embarquement de France, jusques à present, suivant son Traité fait avec ladite Compagnie.

2°. Luy payer & rembourser la somme de six mille livres, à laquelle il s'est reduit, pour la juste valeur des meubles, marchandises, argent, & autres effets à luy appartenans, qui luy ont esté pris & enlevez en la maison où il faisoit sa demeure à Massulipatam, & en laquelle estoit établi le Comptoir de la Compagnie, lors qu'il fut arresté prisonnier par ordre du sieur Caron Directeur General de la mesme Compagnie, leur Collegue, qui pour-lors estoit sur les lieux, des faits duquels ils sont tenus.

3°. Condamnez encore luy payer quinze cens livres à luy deus par le nommé Beber, son creancier de cette somme, con-

A

damné envers luy au payement d'icelle par Arreſt du Conſeil Souverain de l'Iſle-Dauphine, en vertu duquel le ſieur Marcara pere avoit, pour ſeureté de ſon deû, fait ſaiſir à Surat entre les mains dudit ſieur Caron Directeur General.

4°. En tous les dépens, dommages & intereſts de luy ſieur Marcara pere, & de Michel Marcara ſon fils, tant pour avoir eſté tous deux injuſtement empriſonnez, maltraitez, & detenus dans les cachots affreux de divers vaiſſeaux ſur mer, l'eſpace de trente-deux mois au biſcuit & à l'eau, tout nuds, toujours les fers aux pieds, & attachés pere & fils enſemble à de groſſes barres de fer, de l'authorité dudit ſieur Caron leur ennemi juré; que pour avoir eſté detenus vingt-un mois priſonniers en la Citadelle du Port-Louys, à l'inſtance & recommandation deſdits ſieurs Directeurs de Paris.

La juſtice de ces demandes dépend de l'établiſſement du fait.

2. Naiſſance du Sieur Marcara.

3. Voyage du Sieur Marcara dans les Indes en ſa jeuneſſe.

4. Son retour en Europe, Et ſon ſecond voyage aux Indes.

5. Il revient pour la ſeconde fois des Indes & s'arreſte à Ligourne où il negocie. Et confie quantité de marchandiſes de prix à un Banquier.

Le ſieur Marcara Avachinz eſt de la ville d'Hiſpahan, Capitale de Perſe, & iſſu d'une des plus conſiderables & des plus anciennes Maiſons, que Chabas ſurnommé le Grand, Roy de Perſe, transfera ſur la fin du ſiecle precedent de l'Armenie majeure en ladite ville d'Hiſpahan, & ſuivant l'ancien uſage de ce païs, & la pratique de ceux de ſa Nation, il s'eſt occupé au plus conſiderable negoce des Indes Orientales : Et cette occupation luy eſt d'autant plus avantageuſe, que ſans exception toute la Nobleſſe de Perſe, d'Armenie, & meſme de toute l'Aſie, fait commerce, ſans que cela luy ſoit imputé à aucune dérogeance.

Auſſi eſt-ce ſuivant cette meſme pratique que le ſieur Marcara s'achemina aux Indes dés ſa jeuneſſe, où il ſejourna long temps, & y apprit parfaitement l'eſtat du Commerce, & la Langue du païs.

Enſuite il vint en Europe chargé de pluſieurs diamans, pierreries, & autres marchandiſes de prix, qu'il avoit achetées aux Indes & en Perſe, qu'il vendit avec profit notable à Rome, à Naples, à Veniſe, & autres lieux; & s'en retourna derechef aux Indes; où il negocia encore pendant un long-temps, & s'en revint encore en Europe, chargé de meſmes diamans, pierreries, & autres marchandiſes.

Il s'arreſta enfin à Ligourne, où il demeura pluſieurs années, pendant leſquelles il continua de negocier en Italie, en Turquie, en Perſe, & auſdites Indes, par le moyen & correſpondance qu'il avoit avec ſes freres, qui ſont de tres-riches Negocians, & avec autres ſes Commis. Mais pour ſon malheur il eut aſſés de bonne foy pour confier à un particulier Banquier de Li-

gourne, nommé Joſeph Armand, en l'année 1657. trente-un balots de ſoye, dite Charbaffi , du poids d'environ quatorze mille
livres afin qu'il les fiſt vendre pour le Compte de luy Sᵣ Marcara.

Ce Banquier eut la conſcience aſſés mauvaiſe pour refuſer au
ſieur Marcara de luy tenir compte de la ſuſdite Marchandiſe , &
de luy en faire le payement. Ce qui obligea ledit Marcara d'in-
tenter ſon action pardevant les Officiers du Grand Duc de
Florence , dont ledit Banquier eſtoit juſticiable , & de l'y faire
convenir pour avoir payement de ſa marchandiſe. Il s'y fit de
longues procedures, aprés leſquelles enfin ledit Banquier voyant
qu'il ne pouvoit éviter une juſte condamnation, tomba d'accord
d'avoir receu dudit ſieur Marcara leſdites marchandiſes, qu'il
promit de lui payer.

Mais à la veille que ledit Marcara eſtoit preſt de recevoir ſon
argent , ledit Banquier vint à mourir, chargé de debtes, tant
envers lui ſieur Marcara qu'autres ſes creanciers, qui firent mettre ſes biens en diſcuſſion.

Comme le deffunt n'avoit pas laiſſé ſuffiſamment de biens pour
acquiter toutes ſes debtes , il ſe forma entre eux tous de grands
differents , que ledit ſieur Marcara prévoyant ne devoir eſtre
de long-temps terminés , il prit reſolution de s'acheminer en
France, pour implorer la protection de Sa Majeſté auprés du
Grand Duc de Florence , afin qu'il fuſt payé de ce qui lui eſtoit
deû par ledit deffunt Banquier, ſur ſa ſucceſſion ; & pour luy
offrir ſes ſervices pour la Compagnie des Indes Orientales, que
Sa Majeſté avoit nouvellement établie.

Le ſieur Marcara partit donc de Ligourne le 14. Septembre
1665. & arriva à Paris le 24. Octobre enſuivant. Il s'adreſſa d'a-
bord à Monſieur l'Eveſque de Babylone, lors Eveſque de Néo-
ceſarée, & Coadjuteur dudit Babylone, ſon Prelat. Il ſe décou-
vrit entierement à luy, luy conta ſes affaires, luy dit le ſujet de ſa
venuë à Paris, & le pria de l'aider & l'aſſiſter en tout ce qui luy
ſeroit poſſible dans ſon deſſein.

Ce charitable Prelat ne s'épargna en rien dans cette affaire,
principalement aprés que le ſieur Marcara luy eut propoſé que
pour reconnoiſſance de la grace qu'il obtiendroit de Sa Majeſté,
il offroit d'employer tous ſes ſoins pour le ſervice de ladite
Compagnie des Indes Orientales , du commerce deſquelles &
de la langue il avoit (comme dit a eſté) une parfaite connoiſ-
ſance ; & meſme de mettre dans icelle Compagnie la meilleure
partie de ſon bien, aprés qu'il l'auroit retiré avec la protection
du Roy.

A ij

11.
Mr de Babylone par-
le plusieurs fois au
Roy en faveur dudit
Marcara lequel
s'offroit de rendre
service à Sa Majesté
& à la Compagnie.
Le Roy donne ordre
audit Seigneur E-
vesque de conduire
le Sr Marcara à
Mr Colbert.
Mr Colbert satisfait
de son intelligence
l'envoye à Mr de
Thou qui l'introdui-
sit en l'Assemblé de
Messieurs de la
Compagnie.

12.
Messieurs les Di-
recteurs exigent du
Sr Marcara qu'il se
remette sur eux de
ses affaires d'italie.

13.
Le Sieur Marcara
accepte lettre de
Messieurs les Dire-
cteurs generaux de
se reposant sur eux
en toutes ses affai-
res d'italie.

14.
Le Sr Marcara
met toutes ses pieces
& papiers en plein

Monsieur de Babylone en parla diverses fois à S. M. qui luy fit l'honneur de l'écouter tres favorablement & qui en sera tres-memorative. Il luy presenta mesme ledit sieur Marcara pere, & S. M. donna ordre audit Seigneur Evesque d'en parler à Monsieur Colbert President de ladite Compagnie, & de conduire vers luy ledit sieur Marcara. Ce que Monsieur de Babylone ayant fait, Monsieur Colbert témoigna tant de satisfaction de l'intelligence dudit Marcara pour ledit Commerce ; de laquelle il fut si-bien persuadé, qu'il l'envoya avec un Billet exprés à Messieurs de Thou, & Berryer, pour lors Directeurs de la même Compagnie, pour en estre eux-mesmes entierement informez : Lesquels avec les autres sieurs Directeurs tinrent à ce sujet plusieurs Assemblées, dans lesquelles ils examinerent à fond ledit Marcara pere ; & aprés cet examen, ils le trouverent si-bien versé audit Commerce des Indes, & estimerent que son ministere seroit d'un si grand avantage pour l'avancement du Negoce de ladite Compagnie, qu'aprés en avoir fait leur rapport à Monsieur Colbert ; ils furent tous d'avis commun, qu'il estoit à propos & mesme necessaire de l'y engager : & pour cet effet ils employerent leurs intercessions auprés du Roy, pour obtenir la protection qu'il demandoit de Sa Majesté.

Ils firent plus : car ils exigerent dudit sieur Marcara qu'il leur laissast (ainsi qu'il fit) le soin entier des affaires qu'il avoit en Italie (dont il vient d'estre parlé) avec les papiers concernans icelles, & sa Procuration, avec promesse & asseurance qu'ils luy donnerent d'y envoyer un Exprés intelligent & fidelle pour la poursuite d'icelles.

L'experience que Messieurs les Directeurs firent pendant un an que ledit sieur Marcara traitta avec eux, de sa probité & grande intelligence, les ayant entierement convaincus qu'ils n'avoient besoin d'autre caution de sa fidelité, que sa grande affection & le zele singulier qu'ils reconnoissoient en luy pour le service du Roy & de la Compagnie ; outre qu'ils avoient clairement reconnu par l'affaire de Florence, dont ils s'estoient, mesme particulierement informés, ayant écrit à diverses personnes des Pays, la probité, bonne foy dudit sieur Marcara & l'injuste persecution qu'on luy avoit fait en Italie, de sorte que ledit sieur Marcara pere se reposant entierement du soin de ses affaires sur lesdits sieurs Directeurs de ladite Compagnie, il s'engagea à son service, pour lequel il a toûjours depuis travaillé avec un soin infatigable & une fidelité inviolable, comme il sera dit en son lieu.

Ledit sieur Marcara mit mesme en plein Bureau desdits sieurs Directeurs assemblez, toutes ses pieces & papiers touchant ses affaires en Italie, dont il a esté traitté tout au long cy-devant, avec une ampliſſime Procuration qu'il donna au ſieur Hordancourt Secretaire de la Compagnie, pour les gerer & pourſuivre juſques à l'entier payement de ce qui luy eſtoit deû par la ſucceſſion dudit Banquier. Cette Procuration fut paſſée pardevant Foüyn & ſon Compagnon Notaires au Chaſtelet de Paris le 4. Novembre 1666.

Bureau deſdits Srs Directeurs, touchant ſon affaire en Italie, & paſſe procuration à leurs Secretaires pour les gerer.

Leſdits ſieurs Directeurs voulans de leur part correſpondre aux bonnes intentions dudit ſieur Marcara, aprés l'avoir fait naturaliſer, firent un Reſultat ou Deliberation en leur Aſſemblée, par lequel ils ordonnerent que ledit ſieur Marcara partiroit inceſſamment pour Madagaſcar, autrement l'Iſle Dauphine, où eſtant arrivé, il s'adreſſeroit au Conſeil ſouverain de ladite Iſle-Dauphine, & aux ſieurs de Faye & Caron Directeurs generaux leurs Collegues qui eſtoient ſur les lieux, leſquels regleroient plus amplement ſa qualité, ſa charge & ſes appointemens; & arreſterent cependant que ſes appointemens ſeroient comptez du jour de ſon embarquement de France.

15. Les Sieurs Directeurs font naturaliſer le Sieur Marcara, & deliberent en leurs aſſemblées qu'il ſera envoyé à Madagaſcar où ſes appointemens luy ſeroient plus amplement reglez.

Ils paſſerent encore pardevant ledit Foüyn & ſon Collegue Notaires audit Chaſtelet le 13. Novembre audit an 1666. avec ledit ſieur Marcara, en la qualité de François naturaliſé & d'Agent de leur Compagnie qu'ils luy donnerent un Acte ou Traitté, par lequel entre autres clauſes & conventions ils luy avancent une ſomme de quinze cens livres.

16. Qualité de François naturaliſé, & d'agent de la Compagnie donné au Sieur Marcara par leſdits Sieurs Directeurs.

En outre, leſdits ſieurs Directeurs firent preſent audit ſieur Marcara pere d'une piece d'étoffe de brocard d'or & d'argent à la Perſienne, pour ſe faire faire une veſte, & d'une autre piece d'étoffe de la plus belle écarlatte qu'ils pûrent trouver, pour ſe faire un manteau ou robe, & s'en vétir & orner, ſi toſt qu'il ſeroit arrivé dans les Indes, & qu'il commenceroit à vacquer à l'exercice des charges & emplois qui luy ſeroient donnez pour le ſervice de la Compagnie, ſans en tout ce comprendre les frais de ſon voyage, que leſdits ſieurs Directeurs payerent depuis Paris juſques à Saint-Malo.

17. Riches preſens faits audit Sieur Marcara par leſdits Directeurs.

Le ſieur Marcara donc fondé ſur le Reſultat deſdits ſieurs Directeurs, dont a eſté parlé cy-deſſus, ſans faire avec eux autre Traitté plus précis, partit de Paris le 15. Novembre 1666. & arriva à Saint-Malo, lieu où ſe devoit faire l'embarquement, le 23. du meſme mois, & y ſejourna aux frais de ladite Compagnie juſques au jour dudit embarquement, qui fut le 23. Decembre enſuivant.

18. Depart de Paris du Sieur Marcara & ſon arrivée à S. Malo, où il ſejourne aux frais de la Compagnie.

Ledit jour vingt-troiſiéme Decembre le Sieur Marcara s'em-

19. Embarquement du

A iij

Sr Marcara fur la Flûte la Couronne & fon arrivée l'Isle-dauphine.

barqua fur le Vaiffeau ou la Flûte la Couronne, que la Compagnie avoit fait équiper audit Saint Malo pour l'Isle-Dauphine, où il arriva le 23. Aouft 1667. mais ce ne fut pas fans des hazards & des perils extraordinaires, & le Sieur Marcara peut dire hardiment que la Compagnie luy eft entierement redevable de l'arrivée de ce Vaiffeau à bon port, d'autant que le Commandant n'avoit pas toutes les experiences requifes pour la conduite d'iceluy; & par fon peu d'intelligence le Vaiffeau fe vit en un peril evident de perir avec tous ceux qui eftoient dedans, fi le Sieur Marcara n'avoit entremis dans les occafions preffantes qui arriverent, fes foins & fa capacité pour y donner ordre, comme il fit. Ce n'eft point un difcours en l'air que fait icy ledit fieur Marcara: Ceux qui eftoient dedans, rendirent un témoignage public de cette verité à leur arrivée à Madagafcar, au Confeil Souverain de l'Ifle Dauphine & aux Sieurs de Faye & Caron, Directeurs Generaux qui l'en remercierent en plein Confeil: Voilà déja un fervice notable qu'a rendu d'abord ledit fieur Marcara à la Compagnie.

20.
Le Confeil fouverain de l'ifle-dauphine & les Sieurs de Faye & Caron Directeurs generaux reçoivent les depefches à eux envoyées par les Sieurs Directeurs generaux de Paris.

Meffieurs du Confeil fouverain de l'Ifle-dauphine & les Sieurs de Faye & Caron Directeurs generaux, ayans reçû les depefches qui leur eftoient adreffées par les Sieurs Directeurs de France leurs Collegues, qui leur donnoient des affeurances de la capacité & induftrie du fieur Marcara, dans le commerce & dans la langue des Indes, comme ils l'avoient reconnu eux-mefmes dans plufieurs affemblées, où ils l'avoient examiné & interrogé, voyans ce témoignage fortifié par ceux qui eftoient venus avec ledit Sieur Marcara, lefquels unanimement publioient qu'ils étoient entierement redevables de leurs vies audit fieur Marcara; & aprés l'avoir eux mefmes interrogé, examiné & reconnu fa capacité non commune en tout ce qui eftoit neceffaire pour l'avancement du bien & utilité de ladite Compagnie, & fur ce que leur mandoient lefdits Sieurs Directeurs generaux de France, qu'ils fe rapportoient entierement à eux, de donner les Offices, employs & Gages audit fieur Marcara qu'ils jugeroient à propos; Ils le nommerent Confeiller au Confeil fouverain de l'Ifle Dauphine, & luy donnerent la Charge de Directeur de tous les Comptoirs des Indes, de la Perfe, & du Païs du Sud, que la Compagnie pourroit de là en avant eftablir, avec les, honneurs prerogatives & droits ordinaires & annexés aufdites Charges; avec attribution de fix cens livres de gages par chacun mois, payables en la forme & maniere contenuës au Traité, dont la teneur enfuit.

21.
Les Sieurs de Faye & Caron donnent audit Sieur Marcara la Charge de Directeur de tous les Comptoirs eftablis & à eftablir de la Compagnie, & le font Confeiller du Confeil fouverain de l'Ifle-dauphine.

Articles & conditions sur lesquelles le Sieur Marcara s'est engagé.

1. Que la Compagnie donnera audit Sieur Marcara une Commission de Conseiller au Conseil souverain du commerce estaóli en l'Isle-dauphine, & en tous autres lieux des Indes que la Compagnie pourra cy-apres établir ledit Conseil souverain, pour y avoir sceance & voix deliberative, lorsqu'il sera au lieu où sera ledit Conseil souverain, suivant le rang qui sera reglé par ladite Compagnie, & pourra prendre ladite qualité dans toutes les negotiations & affaires qu'il traittera pour ladite Compagnie, dans tous les lieux où il sera employé pour le service d'icelle ; laquelle Commission portera expressement ordre à tous ceux qui seront établis dans les lieux de l'employ dudit Sieur Marcara, de le reconnoistre & luy porter honneur en ladite qualité.

22.
Traité fait entre les Sieurs de Faye & Caron & le Sieur Marcara.

2. Ledit Sieur Marcara promet à la Compagnie de s'employer de tout son pouvoir dans les lieux qui luy seront indiquez par les Directeurs generaux, & travailler pendant cinq années consecutives dans les Indes du jour que l'on arrivera à Surat, pour y procurer son utilité & avantage à faire le negoce dont il a connoissance, & donnera tous les lumieres requises pour cela en homme d'honneur & de conscience.

3. Ledit Sieur Marcara aura la qualité de Directeur de tous les Comptoirs des Indes Oientales & de Perse, & par tout où la Compagnie aura des établissemens dans les Païs du Sud.

4. Pour les gages & appointemens dudit Sieur Marcara, la Compagnie luy a accordé la somme de six cens livres tournois par mois, qui commenceront à courir du premier du present mois, & finiront au jour de son debarquement en France ; faisant son retour, lesquels appointemens seront payez de six mois en six mois, & en cas que le deceds dudit Sieur Marcara arrive, ce qui luy sera deub de reste de ses appointemens au jour d'iceluy, sera payé à ses heritiers sans aucune difficulté.

5. Que ledit Sieur Marcara sera nourry avec ses Domestiques aux dépens de la Compagnie, honnestement & decemment, ainsi que ledit Sieur Marcara & son Collegue le trouveront à propos, remettant à leur honneur & œconomie de regler ladite dépense, tant pour eux que pour les autres qui seront employez avec eux aux lieu où ils seront, pour le service de la Compagnie, & sera ladite dépense passée en leurs comptes sur les Estats d'icelle, arrestés par ledit Sieur Marcara & son Collegue, & signés des Inferieurs qui l'auront faite.

6 Que pour faire ledit commerce, il sera étably avec ledit Sieur

Marcara un Marchand François, avec lequel il agira de concert.

7 Que ledit Sieur Marcara & son Collegue, agiront & feront en leur honneur & conscience le commerce, achapts, ventes, & troques des marchandises; pourront vendre à credit, & avancer de l'argent pour acheter, ainsi qu'il se pratique dans les Indes, le plus avantageusement qu'il se pourra pour la Compagnie, sans que ledit Sieur Marcara puisse estre garand des évenemens ny des mauvaises dettes qui pourroient avoir esté par luy & son Collegue, ou par leurs ordres contractées par la Compagnie, & ne seront aussi tenus des risques de la mer, ny des mauvaises rencontres, vols, incendies, & autres cas fortuits; Promettant ledit Sieur Marcara d'apporter toute la diligence, precaution, & vigilance qui luy sera possible pour éviter tous mauvais accidens.

8 Ladite Compagnie promet audit Sieur Marcara, en cas qu'il soit pris, & arresté par les Corsaires de toutes Nations, pendant qu'il sera au service actuel d'icelle, de le racheter le plus diligemment que faire se pourra, & que pendant sa detention les appointemens cy dessus ne laisseront de courir, & luy estre payés comme s'il servoit actuellement.

FAIT double au Fort Dauphin ce quatorziéme Octobre 1667. Signé, DE FAYE, CARON, ET MARCARA AVACHINZ.

Collationné à l'Original en papier, ce fait rendu au Sieur Georges Roques Marchand, & Teneur de livres de ladite Compagnie, par le Notaire & Tabellion Royal de ladite Isle, sous-signé, le douziéme jour d'Octobre 1668. Signé, ROCQUE ET PILAVOINE, avec paraphe.

De ce Traité l'on peut bien conjecturer, combien le Sieur Marcara estoit peu interessé, & qu'il n'avoit en veuë que l'honneur de rendre service à Sa Majesté, & à ladite Compagnie, puis qu'il se contentoit d'une somme si modique, eû égard à sa grande capacité, & longue experience du Commerce des Indes, & de sa langue; & principalelement si l'on fait reflexion, que cette mesme somme & plus, estoit donnée au nommé Delin Holandois, homme peu versé & experimenté dans les choses necessaires pour ledit Commerce, lequel estoit auparavant Commis des Holandois, & auquel la Compagnie n'avoit accordé que la direction du seul Comptoir de Bengale, qui estoit decedé en l'Isle Dauphine, & par la mort duquel la Charge de Conseiller de l'Isle Dauphine, & de Directeur du Comptoir de Bengale estoit libre & vaquante, & à plus forte raison le Sieur Marcara, homme consommé dans le Commerce, & qui estoit Directeur de tous les Comptoirs susdits, apres la mort dudit Delin en pouvoit-il pretendre davantage. Cependant il voulut bien s'en contenter.

Outre le Traité susdit du 14. Octobre 1667. ledit Sieur de Faye
Directeur

Directeur General, donna un écrit signé de sa main audit Sieur Marcara, par lequel il reconnut que ce mesme Traité ne pourroit luy prejudicier pour avoir ses appointemens du jour de son embarquement en France, suivant le Resultat de Messieurs les Directeurs de France.

En execution de ce mesme Traité du 14. Octobre 1667. ledit Sieur Marcara fut solemnellement mis en possession dés le mesme jour desdites Charges de Conseiller au Conseil Souverain, & Directeur de tous lesd. Comptoirs, & presta le serment requis en pareil cas, & observa les autres ceremonies ordinaires & accoûtumées.

Le 15. du mois d'Octobre 1667. le Sieur Marcara partit de l'Isle Dauphine avec le Sieur Caron Directeur General, & autres Marchands, sous-Marchands & Officiers de la Compagnie sur le Navire le Saint-Jean, pour aller établir le premier Comptoir de la Compagnie aux Indes Orientales en la ville de Surat, suivant ce qui en avoit esté arresté au Conseil de l'Isle-Dauphine entre lesdits Sieurs de Faye & Caron.

La navigation fut assez heureuse jusques à la hauteur des Isles Maldives : le sieur Marcara vécut dans une union & parfaite intelligence avec ledit sieur Caron & les autres Officiers du Vaisseau : mais cela ne dura pas long-temps. Car le sieur Caron ayant envoyé querir le sieur Marcara en sa Chambre, pour conferer avec luy des affaires de la Compagnie, & ne pouvant se passer un moment de luy pour s'instruire & se former dans le fait du commerce des Indes, dont il estoit tout-à-fait ignorant, sa connoissance s'étendant seulement au commerce du Japon ; le sieur Marcara vint aussi-tost le trouver à cet effet. Mais le sieur Marcara fut bien surpris des discours que luy tint ledit sieur Caron, qui ne tendoient en substance qu'à representer audit sieur Marcara, que l'on pouvoit menager les interests de la Compagnie, & faire son profit particulier, sans qu'elle pust s'en appercevoir : Que les Hollandois ne faisoient pas de scrupule d'en user de cette maniere, de s'enrichir, & d'amasser jusques à des trois à quatre cens mille livres en quatre à cinq ans : Et autres semblables propositions que luy fit ledit sieur Caron, dont le sieur Marcara qui lisoit dans la pensée du Sieur Caron, fut tellement étonné, qu'il ne put s'empescher d'interrompre le Sieur Caron dans son discours, & de luy dire nettement que luy sieur Marcara n'estoit pas homme à faire telle lascheté : qu'il ne trahiroit jamais son honneur & sa conscience, ny les interests de Sa Majesté & de la Compagnie qu'il avoit embrassez. Et ledit Sieur Marcara, scandalisé du procedé du Sieur Caron, en vint jufques-là, que de luy faire connoiftre avec vigueur, quoy que avec la moderation & retenuë convenable, que fi quelqu'un en ufoit de la forte, il en donneroit non-feulement avis à la Compagnie ; mais encore qu'il feroit fon poffible pour l'empefcher.

Cette réponfe vigouroufe que fit ledit fieur Marcara au fieur Caron, changea bien-toft l'union qui eftoit entre eux en une haine immortelle & fecrette, que conceut des-lors ledit fieur Caron contre ledit fieur Marcara. Il en fut fi interdit, qu'il demeura un quart d'heure fans parler ; on ne vit plus paroiftre deformais cette grande familiarité ; tous les témoignages d'amitié & d'eftime qu'il portoit au fieur Marcara, cefferent bien-toft: la froideur & le dedain prirent la place : & depuis ce temps-là en toutes les occafions où le fieur Caron pût faire piece au fieur Marcara, il le fit. Dequoy quelques Officiers inferieurs s'eftant apperceus, ils s'en prevalurent pour infulter le Sieur Marcara, foit qu'ils vouluffent en cela complaire au fieur Caron, foit qu'ils fuffent envieux de l'employ qu'avoit ledit fieur Marcara au deffus d'eux.

Arrivez qu'ils furent au Cap de Commorin, le fieur Caron faifi d'une terreur panique de l'abord imaginaire des Corfaires de la cofte de Malabar, comme fi le Saint-Iean (du port de fix cens tonneaux, monté de trente-fix pieces de canon, & de deux cens hommes) euft eu quelque chofe à craindre de quelque barque de Corfaire de peu de confideration, fit un Reglement pour la diftribution de ceux qui eftoient dans le Vaiffeau, afin de combattre les Corfaires, s'ils venoient à l'attaquer, & plaça le fieur Marcara, lequel eftoit la feconde perfonne du Vaiffeau, & immediatement apres luy fieur Caron, en la derniere place & au chafteau d'avant, & mit avec foy au chafteau de pouppe en

la premiere place le fieur Ramboz fimple Marchand, & de beaucoup inferieur au fieur Marcara : Dont ledit fieur Macara fe plaignit au fieur Caron, duquel il ne put obtenir qu'à grand' peine, & par l'entremife & inftance de tout l'équipage, & notamment de Monfieur de Bourges, & autres Miffionnaires qui eftoient dans le Vaiffeau, qu'il changeaft fes ordres, & qu'il le mift au chafteau de pouppe avec luy. Voilà un premier effet vifible du reffentiment qu'avoit ledit fieur Caron, pour fe vanger dudit fieur Marcara, qui ne fera pas le dernier, comme il fera montré cy-apres.

Le 24. Decembre 1667. le vaiffeau eftant arrivé à Cochin, où l'on s'eftoit acheminé pour prendre des rafraifchiffemens, les premiers Officiers de la garnifon Hollandoife de Cochin

vinrent complimenter le sieur Caron sur son bord de la part du
Gouverneur de la place, lesquels le sieur Caron retinst à disner
avec soy. Ils y resterent en effet; & aprés s'estre entretenus quelques heures aprés le repas, ils prirent congé dudit sieur Caron,
qui les conduisit jusques à la porte de sa Chambre, & députa le
sieur Marcara pour les reconduire plus loin, & faire le surplus
des ceremonies en son absence. Et comme ledit sieur Marcara
accompagnoit lesdits Officiers, les sieurs Ramboz Marchand
s'avança insolemment, & interrompit brusquement le propos
desdits Officiers & du sieur Marcara, au dessus duquel il se vint
effrontément placer. Dequoy lesdits Officiers furent tout scan-
dalisez: & le sieur Marcara ayant fait entendre audit Ramboz,
qu'il n'avoit pas raison & qu'il ne devoit pas en user de la sorte; &
qu'il eust à prendre sa place, & non pas celle du sieur Marcara son
Superieur, qui estoit envoyé par le sieur Caron pour reconduire
lesdits sieurs Officiers; ledit Ramboz n'en voulut jamais rien faire,
quelques remontrances que luy en fist alors ledit sieur Marcara. Et
bien loin de cela, il déchargea avec la derniere insolence un soufflet de toute sa force, sans respect desdits Officiers & en leurs
presences, audit sieur Marcara.

Un attentat si extraordinaire avoit esté, sans doute, concerté
entre ledit Ramboz & ledit sieur Caron, & se faisoit par son ordre
secret; n'estant pas à presumer qu'un inferieur, comme estoit ledit Ramboz, eust eu la hardiesse de commettre une telle action
dans un Vaisseau, contre le sieur Marcara qui luy estoit superieur,
& en presence de gens étrangers, pour lesquels au moins il devoit
avoir quelque déference, s'il n'avoit esté soûtenu & approuvé secrettement par ledit sieur Caron.

Ledit sieur Marcara, sans perdre temps, presenta sa Requeste
audit sieur Caron, comme au premier Officier de la Compagnie
dans ce vaisseau, qui contenoit sa legitime plainte de l'insulte &
outrage qui venoient de luy estre faits par ledit Ramboz, & luy en
demanda justice. Sur laquelle Requeste le sieur Caron, pour observer quelque formalité apparente dans cette affaire, oüit & interrogea sur les faits contenus en ladite Requeste, ceux qui estoient
dans le vaisseau, qui tous unanimement déposerent que ledit Ramboz avoit fait insulte & donné un soufflet audit sieur Marcara
plaintif. Nonobstant laquelle déposition, qui devoit estre la condamnation absoluë dudit Ramboz, le sieur Caron ne laissa pas de
rendre sa Sentence, & de condamner l'accusateur & l'accusé tout
ensemble, sçavoir le sieur Marcara & Ramboz, également & sans
difference, à trois cens livres d'amende chacun.

Une Sentence si injuste & si mal digerée obligea le sieur Marcara d'en interjetter appel au Conseil de l'Isle-Dauphine, lequel l'infirma en tous ses chefs, condamna Ramboz seul à six cens livres d'amende, & à demander pardon au sieur Marcara.

Le Vaisseau le Saint Jean, qui portoit le sieur Caron avec le sieur Marcara, & autres Officiers de la Compagnie, arriva enfin à Suvaly, port de Surat, le 13. Fevrier 1668. Il n'y fut pas plûtôt arrivé, que le sieur Caron, qui ne tendoit qu'à ses fins, & ne cherchoit que ses interests particuliers, envoya querir dans son Bord le Baniam Samson, fort renommé pour ses fourbes, & le plus insigne fripon de toutes les Indes, lequel ledit sieur Caron chargea de faire achat d'Indigo, & autres marchandises, pour des sommes tres-considerables, sans en communiquer au préalable à personne, & avant mesme que de descendre du vaisseau, & qu'il y eust encore de Comptoir de la Compagnie établi à Surat.

Le sieur Caron ayant par l'intermise dudit Samson fait une grande emplette d'Indigo qui ne valoit rien, & qu'il avoit acheté beaucoup au dessus de sa valeur, aussi bien que d'autres marchandises de pareille trempe, ordonna au sieur Marcara d'en faire la recepte. Pourquoy iceluy sieur Marcara se transporta dans les magasins où estoient ledit Indigo & marchandises, où apres les avoir veuës & visitées, il reconnut qu'elles ne valoient rien, & qu'elles avoient esté achetées au-de-là de leur prix & valeur : c'est pourquoy il refusa de les recevoir pour le compte de la Compagnie : dont ayant fait son rapport audit sieur Caron, il s'emporta jusqu'à dire que le sieur Marcara trouvoit à redire à tout ce qu'il faisoit : & voyant qu'iceluy sieur Marcara persistoit à ne les pas recevoir, pour le grand dommage que la Compagnie en souffriroit, il obligea le sieur Marcara de retourner encore une fois ausdits magasins, pour mieux (ainsi que disoit ledit sieur Caron) les reconnoistre. Mais ledit sieur Marcara ne les ayant pas trouvé mieux qualifiées, ny d'un prix plus raisonnable, cette seconde fois que la premiere, il persista

en sa resolution de ne les pas recevoir, à moins d'en avoir un Ordre par écrit & signé de la propre main dudit sieur Caron, pour sa décharge envers Messieurs de la Compagnie : ce que le sieur Caron ne voulut faire, & aima mieux souffrir que le méchant Indigo, dont avoit traitté ledit Samson par son ordre, fust rendu ; en la place duquel le sieur Marcara en acheta d'autre tres-bon, tres-bien conditionné, & en mesme quantité, pour le mesme prix qu'auroit couté ce méchant Indigo.

Ce qui n'empefcha pas que le fieur Caron n'achetaft encore pour une fomme fort confiderable d'autre Indigo mal-conditionné, qu'il fit recevoir par ledit Ramboz, & autres fes Officiers & Adherans, & de les faire charger fur le faint Jean au plus vifte, avant que le Sieur Marcara y euft fait conduire le fien bien conditioné.

Les Sieurs Directeurs Generaux de Paris, ayant receu le mauvais Indigo que leur avoir envoyé le Sieur Caron, luy en firent des plaintes & reproches; mais l'aftuce & la malice du Sieur Caron luy firent faire réponfe aufdits Sieurs Directeurs, que le bon Indigo eftoit le fien, & que le mauvais eftoit celuy qu'avoit acheté le Sieur Marcara, quoy que ce fuft tout le contraire, adjoûtant encore hardiment à fadite réponfe, que le Sieur Marcara avoit changé les marques des Balots du Courtier de luy Sieur Caron, & mis celle du fien en fa place, comme fi ce changement imaginaire n'euft pas efté reconnu par Meffieurs les Directeurs Generaux s'il euft efté effectivement fait; d'où il eft facile de conclure que le Sieur Caron n'avoit autre motif que de donner dés lors une mauvaife impreffion aufdits Sieurs Directeurs de la conduite du Sieur Marcara, & le tout pour parvenir aux fins qu'il s'eftoit propofé de le perdre.

Le Comptoir de la Compagnie à Surat ayant efté eftably, le Sieur Marcara avança à l'exercice de fa charge de Directeur, dans laquelle il ne s'épargnoit point, & fe fatiguoit extraordinairement, tant il avoit de zele pour le progrez, & avancement du Commerce de ladite Compagnie, & à bannir toutes les petites intrigues fecretes qui fe commettoient; ce qui n'empefcha pas que quelque precaution que pût apporter le Sieur Marcara pour y veiller, ledit Sieur Caron ne fift encore fon compte particulier & bien amplement; Ses veilles, fes foins, & fes fatigues luy cauferent enfin une griéve maladie qui le contraignit de garder le lit, dont ledit Sieur Caron adverty, fous couleur de luy venir rendre vifite, il le fit arrefter prifonnier le 13. Avril 1668. fans obferver aucune formalité, & feulement de fon propre mouvement, fans aucun pretexte, raifon, ny fondement.

Il extorqua par violence dudit Sieur Marcara les clefs de fes coffres où il foüilla, & en prit toutes les hardes & papiers. Il luy eftoit à la verité bien facile d'executer tout ce qu'il vouloit, le Sieur Marcara n'eftoit pas en eftat de luy refifter.

Cette violence, & ce pillage n'eftoient pas où le Sieur Caron en vouloit demeurer, ce n'eftoit que le prelude de fa Tragedie; car enfuite il le fit enlever la nuit du 15. Avril 1668. tout infirme

46.
Le Sieur Caron fait charger le Sieur Marcara de fers & iceluy conduire sur le Saint Iean.

qu'il estoit, luy fit mettre les fers aux pieds, le charger sur une charrette, & de là conduire sur le bord de la riviere, puis mettre dans une Barque & conduire sur le vaisseau S. Jean sur lequel ils estoient venus, & qui s'en retournoit en France par l'Isle Dauphine.

Les Ministres & Executeurs de la vengeance & cruauté, plus que barbare dudit Sieur Caron, furent les Sieurs Beber & Ramboz, ennemis jurez du Sieur Marcara, qui ne cherchoient que l'occasion de luy nuire.

47.
On donne au Sieur de Mondevergne Capitaine du vaisseau copie de la Sentence du Sieur Garon, contre le Sieur Marcara.

Le Sieur Marcara apres avoir séjourné pendant treize jours à la rade de Surat, ledit Vaisseau S. Jean fit voile le vingt-neuf du mesme mois d'Avril pour l'Isle Dauphine, & dans le mesme instant qu'il quittoit le Port, ledit Beber Marchand & de la Tour sous-Marchand, donnerent au Sieur de Mondevergue Capitaine du Vaisseau, un papier plié sans luy dire ce qu'il contenoit, & ledit Sieur de Mondevergue s'estant enquis d'eux ce que c'estoit, ils luy répondirent en ces termes. *Vous verrez, Monsieur, à loisir ce que c'est, adieu.* Le Vaisseau continua sa route & fit voile.

Ledit Sieur de Mondevergne ayant pris lecture de ce papier clos, vit que c'estoit une espece de Sentence confuse, par laquelle entre autres choses, le Sieur Caron privoit ledit Marcara, comme les autres nommez en la Sentence cy-apres, de toutes leurs Charges, Gages, & Appointemens depuis leur depart de l'Isle Dauphine, jusqu'à ce que le Conseil de ladite Isle Dauphine en eust ordonné.

Ensuit la Teneur de ladite Sentence.

48.
Sentence du Sieur Caron, contre le Sieur Marcara.

Nous, François Caron, Directeur General de l'illustre Compagnie de France, accompagné de Messieurs de Bebber & Ramboz, personnes du Conseil, ayans consideré les crimes & manquemens qu'ont fait les Sieurs Marcara Armenien de nation du lieu de Iulfa: Virsel, Rechette, Pocquet, la Rerie, dit Colinet, du Clos, autrement dit Supliceau François de nation, lesquels avons condamnez & condamnons à l'interdiction de leurs Charges & Emplois, comme aussi de leurs Gages ou Appointemens, depuis le depart de l'Isle Dauphine, jusqu'à ce que le Conseil Souverain de ladite Isle en ait ordonné. Fait au Comptoir de Surat le quatorze Avril 1668. Signé, Caron, I. De Bebber & Ramboz.

49.
Le Sr Ramboz qui avoit donné un soufflet au sieur Marcara se rend son Iuge.

Il sera icy remarqué en passant, que Ramboz lequel est du Conseil dudit Sieur Caron, comme il se void par la Teneur de ladite Sentence, est celuy qui avoit donné un soufflet au Sieur Marcara.

Ledit vaisseau appellé le Saint-Jean, où le sieur Marcara estoit prisonnier, estant arrivé en l'Isle-Dauphine le 21. Juin ensuivant 1668. iceluy sieur Marcara ne perdit point de temps : Il se pourveut au Conseil souverain establi en cette Isle contre les deux Sentences dudit sieur Caron : L'une pour raison du soufflet qu'il avoit receu dudit Ramboz : & l'autre à cause de son emprisonnement d'autorité absoluë & de l'ordonnance privée dudit sieur Caron, fait de sa personne, aussi-bien que du pillage de ses meubles, papiers, & autres effets, & destitution prétenduë de ses charges & gages.

50.
Arrivée du vaisseau en l'Isle Dauphiné où le Sr Marcara fait casser les deux Sentences contre luy renduës par le Sieur Caron, l'une pour le souflet, & l'autre pour l'interdiction de ses charges & apointemens.

A l'égard de la premiere, elle fut infirmée en tous ses chefs, comme il a esté dit cy-devant en la page 12.

Et pour la seconde, elle n'a pas eu un sort plus favorable.

Le Conseil souverain de l'Isle-Dauphine, par son Arrest du 7. Juillet 1668. sur Veu de pieces rapportées mesme par le sieur Caron, & sans que ledit sieur Marcara ait apporté aucune deffense que son innocence qui parloit d'elle-mesme, a cassé & annullé cette seconde Sentence, comme tortionnaire, injurieuse & déraisonnable : ce faisant, a rétabli le sieur Marcara en toutes ses charges, honneurs, privileges & appointemens ; a condamné lesdits Beber & Ramboz solidairement en leur propre & privé nom à payer audit sieur Marcara dix-huit cens livres pour la juste valeur des hardes qu'ils luy avoient mal-prises & enlevées.

51.
Toutes les 2. sentences renduës contre le Sieur Marcara par le sieur Caron sont cassées par le Conseil de l'Isle Dauphine.

En vertu de cét Arrest si juridique ledit sieur Marcara reprit sa séance audit Conseil, & fit les fonctions de sa charge, comme il avoit accoûtumé.

52.
Le sieur Marcara reprend possession de ses charges.

Le 19. Octobre ensuivant il fit voile pour Surat avec les sieurs de Faye & Goujon, tous en divers vaisseaux, & arriverent le 15. Mars 1669. à Suvali, port de Surat, dont le sieur Caron ayant eu nouvelle, il vint rendre visite au sieur de Faye Directeur general dans le vaisseau appellé Marie, sur lequel il estoit monté.

53.
Depart du Sieur Marcara de l'Isle Dauphine, & son arrivée à Surat.

La suite fit bien voir que le motif principal de la venuë du sieur Caron n'estoit pas pour rendre visite audit sieur de Faye : car le langage le plus long & le plus fort qu'il luy tint, fut qu'il fist tous ses efforts auprés dudit sieur de Faye à ce que ledit sieur Marcara ne fist point son entrée avec luy sieur de Faye à Surat, ains seulement le lendemain, pour tascher d'affoiblir le rang qui estoit deu audit sieur Marcara, à cause de ses Charges : ce qu'il ne put obtenir : & cela continuë de montrer que le sieur Caron ne laissoit échaper aucune occasion, pour legere qu'elle fust, de faire prejudice s'il pouvoit audit sieur Marcara.

54.
Nouveaux efforts du sieur Caron contre le sieur Marcara inutiles.

Ledit ſieur de Faye fit donc ſon entrée à Surat avec ledit ſieur Marcara, & tous les autres Officiers de ſa ſuite. Ce fut là où le ſieur Caron trouva ledit Sieur Marcara & l'abordant en la maiſon de la Compagnie, il luy donna en apparence de nouvelles marques d'amitié, luy fit des offres de ſervices & mille civilités, luy témoignant qu'il ne falloit plus ſonger au paſſé, que ce qu'il en avoit fait, n'avoit eſté qu'à la perſuaſion & faux raports que luy en avoient fait quelques particuliers, mais que depuis il en avoit eſté detrompé, qu'au reſte luy meſme tiendroit fortement la main à l'entiere execution de l'Arreſt du Conſeil ſouverain de l'Iſle Dauphine que luy Sieur Marcara avoit obtenu, pour leſdits ordres duquel Conſeil luy Sieur Caron avoit une entiere ſoumiſſion.

55.
Le ſieur Caron feint de temoigner amitié au Sieur Marcara à ſon retour à Surat.

Quelques jours apres il fut arreſté au Conſeil de la Compagnie que les vaiſſeaux nommés Marie, L'aigle-d'or & la Flute ſeroient frettés pour eſtre envoyés en divers endroits: la charge & expedition en fut commiſe aux Sieurs Marcara, & Gougon dont il s'aquitterent à la ſatisfaction d'un chacun.

56.
Le ſieur Marcara fait faire la cargaiſon de 3. vaiſſeaux, pour l'établiſſement du commerce.

Le meſme Conſeil reſolut enſuite que le Sieur Marcara s'achemineroit à la Cour du Roy de Golconde, pour obtenir de luy les facultés & privileges neceſſaires à la Compagnie pour negocier dans ſes Eſtats, y achepter & faire fabriquer des Marchandiſes, & pour eſtablir un Comptoir de ladite Compagnie à Maſſulipatam.

57.
Le Conſeil de Surat ordonne que le Sr Marcara s'achemineroit en la Cour du Roy de Golconde pour l'établiſſement du commerce.

Suivant cette ſeconde deliberation, ledit Sieur Marcara partit dudit Surat pour Golconde le 13. May 1669. ne l'ayant peû faire plutoſt, à cauſe du decés auſſi inopiné, que dommageable à la Compagnie, du Sieur de Faye Directeur general arrivé à Surat, le deuxiéme May 1669.

58.
Depart du Sieur Marcara de Surat pour la Cour du Roy de Golconde.

Il fut accompagné en ce voyage par le Sieur Rouſſel, qui avoit qualité de Marchand, bien qu'il fût peu entendu dans le fait du commerce & de quatre autres Commis. Ils arriverent tous heureuſement à Golconde le 21. Juin enſuivant, où le Sieur Marcara avec toute ſa Compagnie fut receû & regalé ſplendidement par Anazarbec ſon parent, l'un des principaux de la Cour du Roy de Golconde, qui leur procura par ſon entremiſe un logement honorable dans ladite Ville de Golconde.

59.
Arrivée du Sieur Marcara à Golconde & ſa reception par le Sieur Anazarbec ſon parent.

Peu de jours apres le Sieur Marcara fit ſçavoir au Roy de Golconde par ledit Anazarbec, ſon arrivée en ladite ville, & le ſujet de ſa venuë; Qu'il ſouhaittoit avoir l'honneur de le ſaluër de la part d'une Compagnie que le Roy de France avoit eſtablie pour negocier dans ſes Eſtats, dans la Perſe & autres parties des Indes

60.
Le Sieur Marcara fait ſçavoir au Roy de Golconde ſon arrivée par Anazarbec ſon parent.

des Indes. Il employa auſſi pour ce meſme ſujet le Gendre du Roy, avec lequel il avoit lié une eſtroite amitié en ſes premiers voyages des Indes, lorſquil eſtoit encore jeune, & lorſque ce Prince eſtoit dans la diſgrace du Roy ſon oncle, de ſorte que le ſieur Marcara vid alors avec une agreable ſurpriſe, qu'il eſtoit non ſeulement rentré en faveur auprés du Roy, mais meſme qu'il avoit épouſé ſa fille, & c'eſt pourquoy il ſongea à employer ſon credit pour le ſervice de la Compagnie.

Pendant que ſes amis & ceux qu'il avoit employés travailloient à luy procurer l'audience du Roy de Golconde, il envoya le ſieur Marcara ſon fils & ſes autres Commis en divers endroits du Royaume de Golconde, pour travailler à la fabrique & achat de diverſes marchandiſes, afin de les charger ſi-toſt qu'il auroit obtenu dudit Roy de Golconde l'agrément qu'il pourſuivoit auprés de luy.

Seſdits amis parlerent au Roy de Golconde d'une maniere tout-à-fait obligeante de l'arrivée du ſieur Marcara, & du deſſein qu'il avoit, & firent en ſorte que ce Roy donna ordre à Jabarbec Gouverneur de Maſſulipatam d'écouter les propoſitions dudit ſieur Marcara, pour luy en faire rapport.

Le ſieur Marcara en ayant eu avis, rendit pluſieurs viſites audit Jabarbec, dans leſquelles ils eurent pluſieurs conferences & entretiens, particulierement ſur la grandeur du Roy de France, la gloire de la Nation Françoiſe, & le merite de la Compagnie qui deſiroit negocier dans les Eſtats du Roy de Golconde avec ſa licence, & luy fit connoiſtre que c'eſtoit le ſujet qui l'avoit conduit en ſa Cour, & qu'il recherchoit pour cela d'avoir l'honneur de faire la reverence audit Roy de Golconde.

Jabarbec écouta avec plaiſir & applaudiſſement tous les entretiens dudit ſieur Marcara, auſquels il répondit fort favorableblement,

Il ne témoigna pas moins de ſatisfaction du portrait du Roy de France que le ſieur Marcara luy montra; en ſorte que ledit Jabarbec traitta magnifiquement le ſieur Marcara & tous ceux de ſa compagnie, & les régala de tres-riches preſens, entre autres d'un cheval de Perſe qu'il fit donner audit ſieur Marcara, de valeur d'environ dix-huit cens livres, avec promeſſe qu'il feroit un ample rapport de tout ce que luy avoit dit & propoſé ledit ſieur Marcara au Roy de Golconde.

Pendant que le tout ſe paſſoit ainſi, les Hollandois qui en avoient avis, n'épargnoient ſous-main ny preſens ny argent, pour enpeſcher que ledit ſieur Marcara n'euſt audience du Roy de Gol-

C

conde, & qu'il n'obtinſt ce qu'il deſiroit de luy.

ſieur Marcara.

66.
Le ſieur Marcara écrit au Roy de Gol-conde une Lettre en Perſien, pour avoir audience de luy.

Le ſieur Marcara pour détourner cet orage, ſe reſolut luy-meſme d'écrire au Roy de Golconde. Ce qu'il fit. Il luy écrivit une Lettre en Perſien, par laquelle il luy repreſenta tres-reſpe-ctueuſement le long-temps qu'il y avoit qu'il ſejournoit en ſa Cour, ſans avoir pû obtenir l'audience de ſadite Majeſté, qu'il deſiroit avec affection, & qu'il le ſupplioit tres-humblement de luy faire la grace de la luy donner le pluſtoſt que ſa commodité luy permettroit.

67.
Eſt conduit à ſon audience par Iabarbec.

Cette Lettre dudit ſieur Marcara fit tant d'effet, que nonob-ſtant les efforts & les intrigues des Hollandois, ledit Jabarbec Gouverneur de Maſſulipatam vint peu-aprés prendre ledit ſieur Marcara, & le conduiſit avec pompe & magnificence à l'audien-ce du Roy de Golconde.

68.
Le Roy de Golconde donne audience au ſieur Marcara.

Le ſieur Marcara fit à ce Roy, un petit diſcours en langue Per-ſienne, de la gloire, de la grandeur & de la puiſſance du Roy de France & du merite de la Nation Françoiſe, & le ſupplia tres-humblement de le vouloir favoriſer de ce qu'il ſouhaitoit obtenir de luy. Il luy repreſenta que ſa Majeſté avoit formé une Compag-nie pareille à celle d'Angleterre & de Hollande, non pas pour ac-querir des richeſſes dan les Indes, en ayant en abondance dans ſon Royaume, mais bien pour faire connoiſtre audit Roy de Gol-conde & à tous les Prince d'Orient, le deſir d'avoir correſpondance avec eux, comme auſſi la grandeur, & la bonne foy de ſon peu-ple dans le negoce & autres choſes ſemblables avantageuſes à la Nation Françoiſe.

69.
On luy fait un tres-bon accueil, & beau-coup d'eſtime pour Sa Majeſté Tres-Chreſtienne.

Le Roy de Golconde fit un accueil tout particulier audit ſieur Marcara, écouta attentivement ſon diſcours, & témoigna une eſtime non commune pour le Roy de France, avec promeſſe d'ac-corder en ſa conſideration à la Compagnie qu'il avoit eſtablie pour le commerce des Indes, une ample liberté pour negotier dans tous ſes Eſtats.

70.
Le ſieur Marcara fait des preſens au Roy de Golconde.

Le ſieur Marcara fit alors preſent au Roy de Golconde du por-trait du Roy de France, qu'il accepta : & pour montrer l'eſtime qu'il en faiſoit, il ordonna ſur le champ qu'on euſt à l'enchaſſer dans une bordure d'or maſſif.

Ledit ſieur Marcara luy fit encore preſent de cinq pieces de tres-beau brocard d'or de France, de treize pieces de drap de Hollan-de, d'onze miroirs, de quatre doubles-Louys d'or, de mille pa-godes d'or de la valeur d'environ 3800 roupis, & de trois Caiſſons de vin de Perſe du plus excellent, leſquels preſens le Roy de Gol-conde receût agreablement dudit Marcara, l'en remercia, &

apres luy avoir donné & à tous ceux de sa suite de riches vestes à la mode du Païs, il les congedia fort courtoisement.

Comme ledit Jabarbec avoit genereusement employé ses soins pour moyenner au sieur Marcara l'audience qu'il desiroit, & avoit parlé avec avantage au Roy de Golconde en faveur de la Compagnie, il crût qu'il estoit d'une necessité indispensable de luy en témoigner en son particulier une reconnoissance ; & pour cet effet, il luy fit present de trois pieces de drap de Hollande, & de quatre pieces de brocard d'or & d'argent de Perse.

Le sieur Marcara ne manqua pas de donner advis soigneusement & exactement de tout ce qu'il avoit fait audit sieur Caron, Directeur General, & au Conseil de Surat par diverses Lettres qu'il leur écrivit, par lesquelles il leur mandoit qu'ils eussent à luy faire sçavoir leurs sentimens touchant ce qui estoit à propos de faire pour l'heureux succez du Commerce de la Compagnie dans les Estats dudit Roy de Golconde.

Ledit sieur Marcara ayant eu une audiance si favorable du Roy de Golconde, & parole précise qu'il luy accorderoit ce qu'il luy avoit demandé, envoya les sieurs Roussel Marchand & Pocquet Commis de la Compagnie à Massulipatam, afin de s'assurer d'une maison pour y establir un comptoir celebre de la Compagnie, avec argent suffisant pour acheter des marchandises.

Environ le quinze Octobre les Officiers du Roy de Golconde apporterent au sieur Marcara un Firman, autrement Lettres Patentes de leur Roy, duquel le sieur Marcara ayant pris lecture & reconnu qu'il n'estoit pas dans la forme qu'il souhaittoit ; il les remercia de leur peine, & leur rendit ledit Firman sans le vouloir accepter.

Ce qui obligea ledit sieur Marcara de solliciter tout de nouveau pour en obtenir un autre en meilleure & plus ample forme. Ce qui ne se pouvoit faire qu'avec le temps & la patience, & encore bien que ledit sieur Marcara ne perdist pas un seul moment en cette affaire, & qu'il ne s'y épargnast en rien, cela n'empescha pas que le nommé du Portail l'un de ses Commis, impatient d'en attendre l'issue, n'écrivît à Surat & à Massulipatam, que ledit sieur Marcara estoit mal intentionné pour la Compagnie, & qu'il n'y avoit aucune apparence qu'il vint à bout d'obtenir le Firman qu'il poursuivoit aupres du Roy de Golconde.

La suite en fit voir le contraire, & fit éclatter la prudence & l'œconomie du sieur Marcara dans les affaires ; car le 5. Decembre de la mesme année 1669. ledit sieur Marcara obtint enfin du Roy de Golconde un Firman dans la plus ample maniere & le plus favorable qui jusques alors eust esté accordé par ce Roy. Par ce Firman il permettoit à la Compagnie de faire tous & tels negoces qu'il luy plairoit dans tous ses Estats, sans payer aucune chose generalement quelconque à perpetuité, soit pour l'entrée soit pour la sortie des Vaisseaux tant du Roy de France, que de ceux de ladite Compagnie. Ce qu'on ne peut appeller autrement qu'un affranchissement & une exemption generale & perpetuelle pour la Compagnie; & il ne sera pas icy hors de propos de remarquer que les Hollandois ont fait de tous temps audit Roy des presens de sommes immenses, & des sollicitations extraordinaires pour avoir un semblable Privilege, ce qu'ils n'ont jamais pû faire, tout ce qu'ils ont pû obtenir dudit Roy depuis 80. ans ou environ, est qu'ils ne luy payeront pour tous droits d'entrée & de sortie de leurs Vaisseaux que 46000. livres par an, & si les Anglois depuis 14. ans ont obtenu exemption de ne rien payer du tout, ç'a esté en consideration de plusieurs presens & services de 20. ans qu'ils ont rendu sur mer audit Roy, & par l'entremise d'un de leurs Ambassadeurs.

Il y avoit déja un temps considerable que le sieur Marcara veilloit continuellement à l'obtention de ce Firman, qui estoit de la derniere importance à la Compagnie pour l'establissement & succés de son Commerce, & une affaire qu'il avoit le plus à cœur. Cependant le sieur Roussel marchand, de son costé ne tendoit qu'à la dissipation des biens de la Compagnie; il faisoit des débauches continuelles, estoit tous les jours plein de vin, & consumoit des sommes considerables aux dépens de la Compagnie. Le sieur Marcara qui ne pouvoit à son sceu souffrir tels excés, luy en faisoit de continuels & charitables advertissemens: & dans le fort de ses yvrogneries, le sieur Marcara peut dire avec verité que ledit Roussel luy est redevable entierement de sa vie; car un Anglois Chirurgien du Roy de Golconde l'alloit assassiner yvre qu'il estoit, si le sieur Marcara ne l'en eust empesché.

Mais au lieu de recevoir en bonne-part les remontrances charitables que luy faisoit ledit sieur Marcara, & de le remercier de la vie qu'il luy avoit sauvée, tout-au-contraire il écrivit au sieur Caron une Lettre, par laquelle il luy mandoit que le sieur Marcara l'avoit voulu assassiner. Cette pensée estoit également fausse & chimerique, & du crû de la cervelle de ce pauvre malheureux Roussel, que les grandes débauches avoient tout à fait troublée. Aussi le reconnut il ingenument & publiquement, lors qu'il se vit attaqué d'une griève maladie, de laquelle il croyoit mourir. La preuve de sa reconnoissance resulte de sa propre Lettre écrite au ſieur Caron Directeur general , & à ſon Conſeil , inſerée cy-aprés en la page 24.

Le ſieur Caron ſe vit au comble de ſes ſouhaits quand il eut receu cette Lettre : car il ne cherchoit que des pretextes pour ſe vanger du ſieur Marcara , & il crut que celuy-cy en ſeroit un aſſez ſuffiſant. Il prend l'occaſion aux cheveux ; & comme ſon unique deſſein eſtoit de faire deſerter le ſieur Marcara , de luy faire abandonner ſes Charges & le ſervice de la Compagnie : il luy importoit peu de quelle maniere cela ſe fiſt. Aprés avoir ruminé ce qu'il avoit à faire. Il commit les ſieurs Malfoſſe & Deltor pour informer contre le Sieur Marcara du pretendu deſſein d'aſſaſſinat du Sieur Rouſſel, & écrivit trois Lettres : L'une au Sieur Rouſſel , & les deux autres aux nommez Poquet & Portail , qui pour lors eſtoient à Maſſulipatan, par leſquelles il leur donnoit avis de la Commiſſion qu'il avoit donnée , & les exhortoit fortement d'adminiſter toutes les preuves qu'il leur ſeroit poſſible dudit pretendu deſſein d'aſſaſſinat. Il donna ces trois Lettres cachetées , & puis décachetées & envelopées dans un paquet qu'il ne cacheta point, à un Pion, autrement Courrier, lequel il dépeſcha tout exprés pour les leur porter, avec un ordre ſecret de les donner au ſieur Marcara en paſſant par Golconde, où il ſçavoit qu'il eſtoit, qui les feroit tenir à leur adreſſe à Maſſulipatam.

Tout cela ne ſe faiſoit pas ſans myſtere, & il n'eſt guere d'eſprit pour groſſier qu'il ſoit, qui ne découvre d'abord que le ſieur Caron écrivant des Lettres cachetées, & puis décachetées à des particuliers contre le ſieur Marcara , & à ſon deſavantage, & donnant ordre qu'elles tombent entre les mains de celuy contre qui il les écrivoit, ne ſoit entierement auſſi perſuadé que le ſieur Caron le faiſoit tout exprés & à deſſein ; car il ne doutoit pas que le ſieur Marcara n'en priſt la lecture, & que voyant ce qui eſtoit contenu dans icelles il n'en fût intimidé.

Ce Courrier eſtant arrivé à Golconde le 17. de Novembre 1669. fit ce que luy avoit enjoint le ſieur Caron , & remit ledit pacquet ouvert & les ſuſdites trois Lettres cachetées , puis décachetées entre les mains du ſieur Marcara qui les prit. Le ſieur Marcara en ayant leu le deſſus vit bien qu'elles ne s'adreſſoient pas à luy , mais comme il les vit ainſi décachetées, il ne fit pas de difficulté d'en prendre la lecture toute entiere : cela le fit entrer d'abord dans la défiance, & ſe douta bien de la tragedie ; il interrogea ledit Courrier, & le preſſa ſi fort par ſes diſcours, qu'il luy fit avoüer enfin qu'il eſtoit vray que ledit ſieur Caron luy avoit dit de remettre lefdites Lettres entre les mains dudit fieur Marcara, fans toutes fois luy faire connoiftre qu'il en avoit ordre expres de luy fieur Caron.

Par où l'on voit clairement que le but dudit fieur Caron n'étoit autre que de jetter l'épouvante dans l'efprit dudit fieur Marcara, & luy faire tout abandonner. Ce coup d'effay n'ébranla en rien le courage du Sieur Marcara, & ne fervit qu'à le rendre plus ferme & plus conftant au fervice de la Compagnie.

Il écrivit hardiment au Sieur Caron, & ne feignit pas de luy mander qu'il avoit fait lecture des Lettres qu'il avoit envoyées aux fieurs Rouffel, Pocquet & Portail; Qu'il ne craignoit rien, qu'il eftoit innocent, & qu'au lieu d'abandonner les interefts de la Compagnie, il les pourfuivroit encore plus vivement que jamais.

Ledit fieur Marcara ayant achevé toutes les affaires qui l'avoient amené à Golconde, muni de fon Firman, alla prendre congé du Roy. Ce Prince s'informa particulierement des forces & de la puiffance de tous les Princes & Eftats de l'Europe, & dans cet entretien qui fut fort long, & où le Sieur Marcara l'inftruifit à fond de tous ces Eftats. Il luy expliqua l'ancienneté & la durée de la Monarchie Françoife, l'humeur guerriere & la fidelité de fes peuples: la préeminence & la fuperiorité de fes Roys fur tous les autres Potentats de l'Europe, & fpecialement les glorieux avantages & les qualitez extraordinaires de Loüis le Grand: Enfuitte ledit Sieur Marcara s'achemina à Maffulipatan le 8. Decembre audit an 1669. où il arriva le 26. du mefme mois pour y eftablir le Comptoir de la Compagnie.

Mamoutbek, lequel avoit fuccedé au Gouvernement de Maffulipatam, par le changement de la perfonne de Jabarbec, duquel il a cy-devant efte parlé, ayant apris la venüe du fieur Marcara, lequel apportoit avec foy ledit Firman pour l'eftabliffement du commerce de ladite Compagnie dans les Indes, avec une lettre toute particuliere adreffée audit Mamoutbek, par laquelle entre mil autres termes obligeans ledit Roy luy mandoit de faire audit fieur Marcara plus d'honneur qu'on n'avoit accouftumé de faire à telle autre Nation que ce fuft : Il fe fit efcorter de toute la Nobleffe du Païs, & en cet équipage luy vint au devant jufques à deux lieux de Maffulipatam, le receut fort favorablement, & le conduifit en fon Palais en grande ceremonie.

Ce fut dans ce lieu qu'eftans arrivez, le fieur Marcara luy prefenta fon Firman du Roy de Golconde, que ce Gouverneur nouveau receut avec un profond refpect, le fit lire & publier folemnellement, & enregiftrer en la Chancellerie du Roy de Goléonde à Maſſulipatam, avec promeſſe de tenir la main à ce que ponĉtuellement & inviolablement il fuſt garde & obſervé : Et puis conduiſit le Sᵗ Marcara en la Loge ou Maiſon qui avoit eſté retenuë pour faire l'établiſſement du Comptoir de la Compagnie.

Le ſieur Marcara dés-lors commença d'appliquer ſes ſoins pour eſtablir ledit Comptoir à Maſſulipatan, & prepara les marchandiſes qui eſtoient dans leur Loge pour en charger le Vaiſſeau la Couronne.

Il ne s'épargna pas non-plus au reglement de tout ce qui eſtoit du fait de la Compagnie : il apprit par la voye publique, & le reconnut bien luy-meſme par experience, que le ſieur Rouſſel, lequel il avoit envoyé devant audit Maſſulipatam pour y preparer toutes choſes, conſumoit le bien de la Compagnie en des débauches extraordinaires, avec les autres Officiers François. Pour arreſter le cours de cette diſſipation, le ſieur Marcara commença par regler la dépenſe exceſſive dudit Rouſſel, & celle de tous les autres Officiers de la Compagnie, ſelon ſon œconomie ordinaire.

Mais ce qui luy donna le plus de peine, & qui luy attira la haine dudit Rouſſel & autres Officiers, ſes compagnons de débauche, fut qu'il caſſa un nombre des plus malvivantes & plus infames creatures de toute la contrée, que ledit Rouſſel avoit introduites dans la Maiſon où eſtoit eſtably ledit Comptoir, de laquelle il avoit fait un lieu public d'infamie. Ce ne fut pas une petite entrepriſe pour le Sieur Marcara : il eſſuya les injures & les calomnies que vomirent contre luy ces infames, & encourut la haine dudit Rouſſel & des autres Officiers : ce qu'il aima mieux ſouffrir, que de voir ainſi diſſiper mal-à-propos tout le bien d'une Compagnie, dont il avoit reſolu de deffendre les intereſts au peril de ſa vie.

Cependant ledit ſieur Rouſſel n'évita pas long-temps la peine de ſes débauches, qui avoient miné ſon corps & ruiné ſa ſanté ; elles luy cauſerent une griéve maladie, qui le penſa mettre au tombeau. Et ce fut alors que ſa conſcience luy reprochant ſa laſcheté, & craignant de mourir ſans reſtituer l'honneur & la vie meſme qu'il avoit voulu ravir, s'il euſt pû, au ſieur Marcara, ſans aucun ſujet, par ſa Lettre remplie de ſuppoſitions, dont a eſté cy-devant fait mention, écrite au ſieur Caron ; il fit une reconnoiſſance publique & un deſaveu formel de tout ce qui eſtoit contenu en cette Lettre, & en preſence dudit Sieur Marcara, qu'il fit appeller en ſa chambre, & auquel il demanda pardon, reconnoiſſant qu'il eſtoit innocent du pretendu aſſaſſi nat dont il l'avoit fauſſement accuſé : qu'au contraire c'eſtoit luy-meſme ſieur Rouſſel qui luy eſtoit entierement redevable de la vie ; & en preſence auſſi de tous les Officiers de la Compagnie, qu'il fit auſſi venir expres dans ſa chambre.

Il ne ſe contenta pas de ce témoignage verbal : il en voulut encore donner un plus authetique. Pour cet effet il écrivit ſur le champ une Lettre au ſieur Caron & à ſon Conſeil, de laquelle il donna un double ſigné de ſa main audit ſieur Marcara.

97.
Il écrit au ſieur Caron à ce ſujet.

Comme cette Lettre eſt de la derniere importance au ſieur Marcara pour la juſtification de ſon innocence, & pour montrer le mauvais procedé du Sieur Caron envers le ſieur Marcara, qui a ſuivi depuis ; elle ſera icy tout au long inſerée.

De Maſſulipatan ce 25. Ianvier 1670.

MESSIEVRS,

98.
Teneur de la Lettre du ſieur Rouſſel, par laquelle il ſe dedit de l'accuſation du pretendu aſſſinat dont il avoit calomnié le ſieur Marcara.

Ie vous ay mandé cy-devant que je croyois que Monſieur Marcara avoit voulu attenter à ma vie, & ce ſur de fortes preſomptions & conjectures que j'ay euës ; & parce que je me ſuis pluſieurs fois vû en danger de ma vie. Mais depuis peu ayant bien examiné toutes choſes, je connois bien que Monſieur Marcara n'a pas eu ce mauvais deſſein contre moy, & que le peril où je me ſuis rencontré de perdre la vie, ne procede point de l'inimitié que le ſieur Marcara avoit de la conteſtation, & des differens que j'ay eus avec luy ; mais que le danger eſt arrivé malheureuſement d'autre part, dans le temps de noſtre deſunion & de nos querelles. De plus les intereſts de la Compagnie m'obligent à eſtouffer tout ce qui pourroit y apporter prejudice, & ayant mis mes intereſts entre les mains de Monſieur Dandron, lequel a jugé que je devois couper chemin aux diſſentions, & vous écrire celle-cy comme de l'advis de tous nos Meſſieurs, je vous ſupplie de n'y ſonger plus, & qu'il ne reſte plus de mauvaiſes impreſſions dans vos eſprits allencontre de Monſieur Marcara pour ce ſujet, & vous ſuis ſans reſerve,

MESSIEVRS,

Voſtre tres-humble & tres-obeiſſant ſerviteur, B. ROUSSEL.

Et au dos de ladite Lettre eſt écrit, *à Monſieur Monſieur le Directeur General Caron, & Meſſieurs de ſon Conſeil.*

Quelques

Quelques jours apres sçavoir le 9. Février 1670. les Sieurs Deltor & Malfoſſe Commiſſaires deputez par le Sieur Caron, pour informer du pretendu aſſaſſinat, arriverent à Maſſulipatam, & aprirent d'abord que leur voyage eſtoit inutile, & leur Commiſſion aneantie par la declaration & deſaveu dudit Rouſſel accuſateur; qui d'abondent & de nouveau la reïtera devant eux. Ils ne pûrent ainſi paſſer outre, & ſe contenterent d'en écrire au Sieur Caron.

Outre la Commiſſion que le Sieur Caron leur avoit donnée d'informer contre le Sieur Marcara du pretendu aſſaſſinat, ou pour mieux dire, de la pretendue volonté d'aſſaſſiner ledit ſieur Rouſſel. Ils eſtoient encore porteurs de deux Lettres miſſives dudit ſieur Caron, leſquelles ils mirent és mains dudit ſieur Marcara & eſtoient dattées du 2. Novembre 1669. qui s'impliquoient & ſe contrediſoient en toutes choſes, la premiere confirme audit ſieur Marcara ſon adminiſtration abſoluë audit lieu de Maſſulipatam, & la ſeconde luy ordonne de s'en retourner à Surate, & de laiſſer en ſa place pour Chef ledit Rouſſel & de luy laiſſer memoire & inſtruction.

Quoy que le ſieur Marcara euſt déja fait beaucoup de difficulté d'obeïr à cet ordre, dont on ne luy avoit encore parlé qu'en termes obſcurs, & couverts, & qu'il euſt remonſtré auſdits ſieurs Deltor & Malfoſſe qui luy avoient fait cette propoſition les conſequences de cette affaire, qu'il eſtoit à propos, (au moins s'il abandonnoit le Comptoir de Maſſulipatam & le negoce) pour le bien de la Compagnie, d'y commettre en ſon abſence une perſonne capable, que luy ſieur Marcara eſtoit tres perſuadé que, non ſeulement le ſieur Rouſſel qu'ils vouloient ſubſtituer en ſa place de la part du ſieur Caron en eſtoient incapable; mais encore tout à fait indigne. Cependant ledit ſieur Marcara fut obligé d'obeïr aux ordres du ſieur Caron Directeur General, non ſans un regret ſenſible de voir ainſi le bien de la Compagnie à la mercy & diſcretion d'un diſſipateur public, tel qu'eſtoit le ſieur Rouſſel, comme il a eſté cy-devant dit; par l'authorité d'un mauvais Adminiſtrateur d'icelle, comme eſtoit en ce rencontre ledit ſieur Caron, qui ne ſe ſoucioit de rien, pourveu que ſa paſſion fût ſatisfaite contre ledit ſieur Marcara.

Dans ce temps le ſieur Marcara receut de fâcheuſes nouvelles. Il apprit par Lettres que le Gouverneur de ſaint Thomé à l'inſtigation des Hollandois avoit fait aſſaſſiner Naſſonſetti Marchand Courtier Baignan de la Compagnie, duquel le ſieur Marcara fils s'eſtoit ſervy pour l'achapt de quantité de Marchandiſes ſuivant

D

99.
Les Commiſſaires que le ſieur Caron avoit envoyez pour informer du pretendu aſſaſſinat, arrivent à Maſſulipatam, & trouvent leur commiſſion inutile, par la declaration du ſieur Rouſſel.

100.
Le ſieur Caron oſte la direction du Comptoir de Maſſulipatam au ſieur Marcara, & luy ordonne de la remettre entre les mains du ſieur Rouſſel.

101.
Le ſieur Marcara eſt forcé de faire ce que le ſieur Caron vouloit, nonobſtant l'incapacité qu'il reconnoiſſoit au ſieur Rouſſel pour la direction du Comptoir de Maſſulipatam.

Le ſieur Marcara pere, pour obeir au ſieur Caron, quitte le Comptoir de Maſſulipatam.

102.
Le Gouverneur de Saint Thomé fait aſſaſſiner Naſſonſetti Courtier de la Compagnie, auquel le ſieur Marcara fils avoit mis entre les mains 36000 roupies par ordre de ſon pere, afin d'acheter des marchandiſes

l'ordre qu'il en avoit receu du sieur son pere, qui à cet effet luy avoit mis és mains la somme d'environ 36000. roupis, lesquels 36000 roupis ou environ, le sieur Marcara fils avoit remis audit défunt Nassonsetti Courtier baignan de la Compagnie, qui en avoit déja employé en marchandises lors de son assassinat, pour la valeur de 27000 roupis.

Ce Gouverneur de saint Thomé ne se contenta pas d'avoir fait assassiner ledit Nassonsetti, il s'empara aussi de toutes lesdites marchandises de valeur de 27000 roupis ; & auroit encore fait assassiner ledit sieur Marcara fils, si un Esclave de cet inhumain Gouverneur (auquel ledit Marcara fils avoit depuis peu fait present d'un Turban) ne l'en avoit secrettement adverti ; ce qui l'obligea de se retirer en diligence à Madraspatam forteresse des Anglois, chez les RR. PP. Capucins François, dont ledit Gouverneur estant informé, il fit investir Madraspatam par des gens de guerre, pour le prendre : mais les Anglois le firent sortir pendant l'obscurité de la nuit, & le mirent dans un esquif où il se sauva à Massulipatam.

Le sieur Marcara pere pleinement informé par son fils du triste spectacle qui s'estoit passé audit Saint Thomé, & du pillage & enlevement des marchandises de la Compagnie, & pressé d'ailleurs d'executer les ordres du sieur Caron, partit le 9. Avril 1670. pour Surat, & s'arresta neanmoins en chemin à Golconde pour demander justice au Roy de l'assassinat dudit Nassonsetti, & de l'enlevement violent des marchandises de la Compagnie.

Le Roy écouta la plainte du sieur Marcara, & luy faisant droit sur icelle, envoya ordre sur le champ audit Gouverneur de rendre incessamment, & sans prendre aucune chose, tout ce qu'il avoit fait enlever appartenant à la Compagnie : ce qui fut executé par provision, & lesdites marchandises transportées au Bureau de la Compagnie à Massulipatam.

Le Roy deputa en outre des Commissaires, avec semblable ordre de se transporter sur les lieux, pour y informer contre ledit Gouverneur, ses ministres, fauteurs & adherans, tant dudit assassinat fait de la personne dudit Nassonsetti, attentat sur la personne & vie dudit sieur Marcara fils, siege fait de la forteresse de Madraspatam, que des voyes de fait & enlevement desdites marchandises de la Compagnie, circonstances & dépendances.

La terreur saisit cet homicide Gouverneur ; il fit ce qu'il put pour cacher son crime, dont il prevoyoit une prompte & juste punition. Il se retrancha dans la negative, soûtenant que bien loin que ledit Nassonsetti eust esté assassiné, il estoit encore vivant. Mais la déposition des témoins en nombre considerable, que lesdits Commissaires entendirent, fit voir tout le contraire.

Ce ne fut pas tout : La Providence qui ne laisse rien impuni, fit voir publiquement & aux yeux des hommes, la verité toute nuë Elle permit qu'on découvrist le lieu où le deffunt Nassonsetti avoit esté enterré. On ouvrit sa fosse, dans laquelle on trouva son corps tout entier, & encore tres-reconnoissable, quoy qu'il y eust déja six mois qu'on l'avoit mis en terre.

Lesdits sieurs Commissaires dresserent leur rapport de tout ce que dessus, qu'ils envoyerent au Roy de Golconde. Le Roy l'ayant receu & examiné, y faisant justice, priva le Gouveneur de Saint-Thomé, & le Commandant de la Province, qui avoit envoyé des troupes investir Madraspatam, à dessein de prendre le sieur Marcara fils, & tous les autres Officiers qui les escortoient, de leurs charges & emplois, & les fit tous constituer prisonniers.

- Lesdits sieurs Commissaires travailloient encore à l'instance du sieur Marcara pere, pour découvrir ce qu'estoient devenus les 8812. roupis restants desdits 36000. roupis que le sieur Marcara son fils avoit remis entre les mains dudit Nassonsetti, & en informer, pour les faire rendre & restituer à la Compagnie par ceux qui s'en seroient saisis.

Dans ce temps le sieur Goujon arriva à Golconde le 16. Juin 1670. de l'arrivée duquel le sieur Marcara ayant eu avis, il alla au devant pour le recevoir & le faire entrer avec pompe & magnificence à Golconde, comme il fit.

Aprés estre arrivé, le sieur Marcara luy fit voir sa conduite dans la distribution des presens qu'il avoit fait au Roy de Golconde & à ceux de sa Cour, pour l'obtention du Firman.

Ledit sieur Goujon approuva la dépense desdits presens, & l'estima tres-modique, eu égard au bien & avantage qui revenoit à la Compagnie d'une exemption generale de ne rien payer d'oresnavant à toûjours : Il vouloit encore, par un effet d'une plus particuliere reconnoissance, faire pour la valeur de 20000. roupis de presens au Roy de Golconde & à ses Ministres : dont il fut détourné par le sieur Marcara, qui luy representa que cela seroit inutile ; & que la Compagnie ne recevroit pas, à cause desdits presens plus d'avantages & de privileges que le Firman luy en accordoit.

D ij

ment du corps de Nassonsetti, qui fut trouvé tout entier six moix aprés qu'il avoit esté mis en terre.

109.
Les Commissaires ayans informé, envoyerent leur raport au Roy de Golconde, qui prive le Gouverneur de Massulipatam, & tous ceux qui avoiēt eu part au pillage, de leurs charges.

110.
Les Commissaires à l'instance du sieur Marcara travaillent à la découverte du reste de l'argent que son fils avoit mis entre les mains de Nassonsetti.

111.
Le sieur Marcara rend compte au sieur Goujon des presents par luy faits à la Cour du Roy de Golconde.

112.
Le Sieur Goujon approuve la dépense du Sieur Marcara pour les presens, & en veut faire encore de plus grands au Roy de Colconde & à sa Cour : dont il est détourné par le Sieur Marcara.

Le sieur Goujon ordonne au Sieur Marcara de retourner à Maßulipatam pour luy rendre ses comptes, par ordre du Sieur Caron : à quoy le Sʳ Marcara obeit.

Quelque temps aprés, & environ le 10. Iuillet 1670. iceluy sieur Goujon estant venu trouver le sieur Marcara, il luy dît qu'il eust à se transporter avec luy à Maßulipatam, pour y rendre ses comptes à luy sieur Goujon. Le sieur Marcara luy demanda en vertu dequoy il luy faisoit un tel commandement, de son authorité privée. Le sieur Goujon luy répondit, que sa qualité de Directeur general le mettoit en droit de luy faire ce commandement. Et le sieur Marcara luy ayant repliqué qu'il n'en feroit rien jusqu'à ce qu'il luy eust fait apparoir de sa qualité de Directeur general de la Compagnie, ou d'un Ordre du sieur Caron Directeur general, qu'il reconnoissoit pour tel ; aprés diverses contestations & resistances de part & d'autre, le sieur Goujon tira l'Ordre dudit sieur Caron, qu'il montra audit sieur Marcara, lequel avoit déja receu une Lettre dudit sieur Caron, relative audit Ordre.

Le sieur Marcara rend ses comptes au Sʳ Goujon au mois d'Aoust 1670. qui n'y trouva rien à redire.

Ledit sieur Marcara, dont la conduite estoit innocente, tant au maniment qu'en la distribution du bien de la Compagnie, declara alors au sieur Goujon, qu'il estoit tout prest de rendre sesdits comptes. Pour ce faire ils s'acheminerent tous deux à Maßulipatam, où estant arrivez le septiéme du mois d'Aoust 1670. ledit sieur Marcara rendit audit sieur Goujon un compte net, fidelle & exact, tant de la recepte, que de l'employ de l'argent qu'il avoit receu de la Compagnie. Ce compte ainsi presenté par le Sieur Marcara pere audit sieur Goujon fut par luy diligemment examiné, clos, arresté, & signé par ledit sieur Goujon & ledit Sieur Marcara, audit mois d'Aoust. Et dans ce même temps, qui estoit un peu avant sa detention, ledit Sieur Marcara qui ne songeoit qu'à donner des marques de son zele & de son attachement pour le service de Sa Majesté tres-Chrétienne & de la Compagnie, communiqua audit Sieur Goujon une Negociation qu'il avoit faite avec le Prince Chirkahan demeurant à Porto-Nova, au moyen de laquelle il estoit permis aux François de bâtir une Forteresse audit lieu, située au dessus de Saint Thomé ; de sorte que suivant la deliberation qu'il avoit prise avec ledit Sieur Goujon, il y envoya un Armenien nommé Chanazaré pour prendre possession dudit lieu, suivant l'instruction que luy en donna ledit Sieur Marcara ; & cela pour éviter de donner de l'ombrage & de la jalousie aux Ennemis de la Compagnie, si on y avoit envoyé des François. C'est ce qui paroist dans la Lettre écrite par le Sieur Martin au Sieur Caron Directeur General à Surate le 21. Octobre 1670. de laquelle voicy les termes. *Vn peu devant l'arresté du sieur Marcara* en avoit envoyé un *Armenien* nommé *Iean Nazaré* à *Porto - No-va* , situëe beaucoup au dessus de *Saint Thomé* , pour negocier avec un *Raja*, qui en est le maistre , de la liberté de s'établir audit lieu. On faisoit asseurer à Monsieur *Goujon*, qu'on y pourroit avoir la permission d'y bâtir une *Forteresse* : *Ie* ne croy pas que l'*Armenien retourne* , quand il saura l'emprisonnement de *Marcara*. La Compagnie prit en effet possession dudit lieu, & y fit un établissement : Et dans le temps que Monsieur de la *Haye* fust assiegé dans *Saint Thomé*, estant tout d'un coup reduit à l'extremité, il n'auroit pû soûtenir le siége, s'il n'avoit esté plusieurs fois secouru de vivres & autres munitions par les établissements faits audit lieu de *Porto - Nova*, & mesme à present ledit sieur *Martin* est Chef dudit établissement & y fait sa demeure. Et voila encore une preuve autentique de la fidelité dudit Sieur *Marcara*, & des services qu'il a rendus au Roy & à la Compagnie.

Le Sieur *Goujon* donna avis au Sieur *Caron* de tout ce qu'il avoit fait, & comme il avoit trouvé les comptes du Sieur *Marcara* pere en tres-bon ordre, qu'il se comportoit avec zele pour le service de la Compagnie, & qu'il ne trouvoit rien à blâmer sa conduitte.

Cette nouvelle ne plût guere au Sieur *Caron*. Le voilà exclus du pretexte de l'assassinat pretendu du Sieur *Roussel*, & de plus ; il ne peut prendre pied sur la conduite du sieur *Marcara* pour le maniment & employ du bien de la Compagnie, rien jusques à present ne luy a pû réüssir. Les voyes de raison luy manquent, cependant il faut que sa passion soit satisfaite à quelque prix que ce soit. L'authorité prend la place, la raison cesse. Il envoye un second ordre audit sieur *Goujon* d'arrester prisonnier ledit sieur *Marcara* sans autre forme de procez.

Le 21. Septembre 1670. Feste de saint *Matthieu*, le sieur *Goujon* executeur des ordres du sieur *Caron*, fit donc saisir les Sieurs *Marcara* pere & fils , & ses neveux, par les nommez *Martin* & *Malfosse*, *Marcaudier*, *Thibaudeau* & autres, armez de pistolets & d'un poignard , escortez de plusieurs autres gens ramassez de leur mesme trempe dans la Maison de la Compagnie, lors que le sieur *Marcara* traitoit les Officiers de ladite Compagnie en réjoüissance du baptesme de son petit neveu, nommé *Mathieu*, âgé pour lors de quatre ans, & dont les solemnitez du Baptesme n'avoient pas encore esté faites, & constituer prisonniers les personnes desdits sieurs *Marcara* pere, dudit sieur Marcara fils, lors âgé de 17. ans seulement, son petit neveu Matthieu Marcara, & d'un autre neveu âgé de 15 ans appellé Nazaretz ; sans que ledit Sieur Marcara pere, son fils & neveux fissent la moindre resistance.

116.
On force le Sieur Marcara, le pistolet à la gorge, de signer un faux extrait des Comptes.

Qui les signe avec cette clause, sauf erreur.

Le lendemain 22. dudit mois de Septembre les nommez Deltor & Malfosse, & autres Officiers, vinrent en la prison où estoit le dit sieur Marcara, luy presenterent d'un costé un papier informe, ou Extrait de Compte, & de l'autre le pistolet bandé sous la gorge, & renians & blasphemans le saint Nom de Dieu, luy dirent : *Il faut que tu signes ce papier, où nous t'allons donner du pistolet dans la teste.* Le Sr Marcara bien surpris de cette voye de fait, avant que de signer, leur dit : Messieurs j'ay rendu mon Compte à Monsieur Goujon, qui la devers soy en bonne forme. Il n'est pas necessaire d'en signer d'autre, que si vous persistés à le vouloir par la force, il y faut ceder ; mais tout au moins permettez que je mette au bas *sauf erreur* ; ce ne fut pas sans une longue resistance & contestation qu'ils luy permirent : ce qui est la seureté du sieur Marcara.

117.
Et peu aprés un autre Resultat de compte avec la mesme violence.

Et le trentiéme Septembre, lesdits Officiers firent encore par la mesme violence & voyes de fait, signer audit sieur Marcara en sa prison un autre papier par lequel il se rendoit reliquataire de la somme de quatre mil cinq cent vingt-deux livres, comme pour soulte de Compte.

118.
Le sieur Goujon tombe en pâmoison & meurt de frayeur pour toutes ces violences.

Le sieur Goujon eut un si grand remord de conscience d'avoir pour ainsi dire trempé dans la cruauté du sieur Caron, & d'avoir esté son Ministre dans l'affront & insulte qui venoient d'estre faits audit sieur Marcara, son fils & ses neveux prisonniers, qu'il en tomba en pamoison sur la place, & mourut huit jours apres agité d'étranges & horribles convulsions. Voila le premier acte de la tragedie du sieur Caron.

119.
Le Gouverneur de Massulipatam, le Chabendar ou Consul, & les principaux de Massulipatam s'employent tous pour le sieur Marcara, & offrent de payer pour luy, s'il est redevable à la Compagnie.

Le bruit de cet emprisonnement se répandit dés le moment dans la Ville de Massulipatam, & dans la Cour du Roy de Golconde. Il n'y eut personne qui n'en fût supris, estans tous informez de la bonne conduite, fidelité & affection du sieur Marcara pour la Compagnie, chacun s'interessa pour luy, le Gouverneur mesme de Massulipatam par un motif de son devoir & mesme motif de charité, à l'insceu du sieur Marcara, deputa un de ses principaux Officiers audit sieur Goujon pour luy témoigner combien cette action le surprenoit, avec offre de payer de sa propre bourse tout ce dont ledit sieur Marcara se trouveroit redevable à la Compagnie, si tant estoit qu'il dust quelque chose.

Le Chabendar ou Surintendant du Commerce de Massulipatam

vint aussi trouver le sieur Goujon, & s'offrit pour caution du sieur Marcara.

Les plus riches & principaux Marchands de Massulipatam promirent de payer argent comptant pour ledit sieur Marcara aussi, tout ce dont il seroit redevable à la Compagnie.

Lesdits Gouverneur & Surintendant du Commerce s'engagerent mesme au sieur Goujon, que si le sieur Marcara estoit coupable d'aucun crime, ils en laisseroient la punition libre à ceux qui en avoient l'authorité, &; de plus qu'ils seroient les premiers à le procurer.

L'honneur du sieur Goujon Commissaire en cette partie du sieur Caron, l'obligea de publier malgré luy l'innocence du sieur Marcara. Il declara formellement pour réponse à toutes les Instances susdites que ledit sieur Marcara n'estoit ny redevable à la Compagnie d'aucune somme d'argent, ny coupable d'aucun crime ; que s'il l'avoit fait emprisonner, ce n'avoit esté qu'en execution des ordres dudit sieur Caron ; mais qu'il l'alloit faire mettre aussi-tost en liberté.

120.
Le sieur Goujon leur declare que le sieur Marcara est innocent, & ne doit rien à la Compagnie, & qu'il ne l'a fait emprisonner que par les ordres du sieur Caron, & qu'il l'alloit mettre en liberté.

Deux jours neantmoins s'écoulerent sans qu'il en fist rien. Le Gonverneur de Massulipatam homme d'honneur & de merite, prit le manquement de parole du sieur Goujon comme une espece de mepris qu'il faisoit de luy : Et comme ce Gouverneur estoit tres-judicieux & moderé, il envoya prudamment le Cotteval ou Grand Prevost seul, & accompagné seulement de ses Domestiques vers ledit sieur Goujon en la Maison de la Compagnie, pour aprendre de luy le sujet pour lequel il detenoit encore le sieur Marcara prisonnier, apres la promesse qu'il luy avoit faite de le mettre en liberté, & la reconnoissance publique qu'il avoit renduë que ledit sieur Marcara n'estoit (comme il vient d'estre dit) ny coupable, ny redevable à la Compagnie.

121.
Il n'en fait pourtant rien : ce qui obligea le Gouverneur d'envoyer son Prevost demander au sieur Goujon le sujet pour lequel il n'avoit pas fait élargir le sieur Marcara comme il luy avoit promis.

Ledit Sieur Cotteval s'achemina à cet effet en la maison de la Compagnie pour parler audit Sieur Goujon, & s'acquitter de la Commission que luy avoit donnée ledit Sieur Gouverneur, escorte seulement de ses Domestiques ordinaires.

122.
Le Cotteval ou grand Prevost s'achemine seul vers le sieur Goujon de la part du Gouverneur.

Comme il approchoit de la maison de la Compagnie où le Sieur Marcara estoit detenu prisonnier, & qu'il n'en estoit qu'à cent pas, ou environ ; par un malheur impreveu, vint à passer dans cet instant un Pion ou Serviteur de la Compagnie qui conduisoit une charge d'eau douce dans un Vaisseau de cuir pour l'usage des Officiers ses Maistres, laquelle il venoit de querir hors de la Ville, les eaux de Massulipatam estant toutes ameres, il eût à la rencontre un autre Pion, qui avoit esté congedié du service desdits Officiers

123.
Approche du Cotteval de la Maison de la Compagnie, & le grand desordre que causa l'epanchement d'un cuir d'eau à son arrivée.

de la Compagnie, sans qu'il eust esté satisfait de ses gages, & qu'on luy refusoit encore de payer) Ce Pion congedié sans argent, faisoit bruit de ce qu'on ne le vouloit point payer, & rencontrant par cas fortuit, & tout à propos ledit Sieur Cotteval, luy en fit ses plaintes, luy remontrant que tous les autres Officiers avoient esté payez, excepté luy. Et dans ce moment sans rien dire, tout irrité du refus du payement qu'on luy faisoit, voulant en quelque maniere se vanger, il creva precipitamment d'un coûteau qu'il avoit à la main ledit vaisseau de cuir, où estoit l'eau douce, qui fut toute répanduë.

Le conducteur de cette eauë accourut au plus viste en la maison de la Compagnie pour en faire sa plainte. Il s'y rencontra par malheur le Sieur Martin Marchand de la Compagnie, qui n'avoit cessé de boire, & qui estoit encore à table depuis le matin jusques alors qui estoit quatre heures apres midy. Au seul recit de cette eau répanduë, la chaleur luy commença de monter au cerveau, & la fumée du Vin l'échaufa si fort, qu'inconsidérément sans prendre aucun ordre dudit Sieur Goujon Conseiller, & brutalement, il s'arma de pistolet, & fit armer les autres Officiers de la Compagnie, sortit hors la porte, fit sa décharge sur le Cotteval & ses Serviteurs, dont il tua quatre desdits serviteurs, & s'enfuit au plus viste dans la maison de la Compagnie, fermant la porte sur luy: ce qu'il fit neantmoins avec si peu de précaution, qu'il laissa le Sieur Fourmentin hors la porte exposé à la fureur du Cotteval & de ses Gens, irritez du meurtre tout recent de leurs Compagnons: en effet un des Pions dudit Cotteval déchargea un coup de cimeterre audit Fourmentin, & ledit Fourmentin luy tira un coup de pistolet, desquels coups ils s'entretuérent, & tomberent morts l'un sur l'autre.

Voilà les fruits ordinaires des débauches: Et à la verité il eust esté plus à souhaiter que partie de cette eau, dont le renversement par terre a causé le meurtre de cinq personnes cy-devant, & de huit autres dont il va estre parlé, eust esté mélée parmy la quantité du Vin furibond qu'avoit bû toute la journée ledit Martin: tout ce carnage ne seroit point arrivé, & ledit Sieur Martin en auroit esté de beaucoup plus advisé, plus retenu, & plus moderé.

Ledit Cotteval voulant tirer raison de cette action, envoya sur le champ querir des Gens à son secours, & se mit en devoir d'investir la maison de la Compagnie pour se saisir dudit Martin & complices; ce que voyant ledit sieur Martin, il fit mettre sous les armes tous les François qu'il put ramasser, qui firent une seconde de fortie & décharge fur ledit Cotteval, en laquelle ils tuérent encore fept ou huit perfonnes de la fuite dudit Cotteval.

En fuitte de cette belle action, le Sieur Martin tout defefperé qu'il eftoit, fe mit en devoir par deux fois apres eftre rentré dans ladite maifon, de tuer ledit Sieur Marcara prifonnier, comme s'il euft efté la caufe de tous ces defordres, & il auroit executé fon deffein, fi le Sieur d'Andron Gentilhomme Provençal ne luy euft retenu la main.

Le Gouverneur de Maffulipatam ayant eu avis de la part dudit Cotteval de cette entreprife dudit Martin, envoya quantité de Gens de fa foldatefque, avec commandement de forcer la maifon de la Compagnie pour tirer raifon de cette action.

Le Sieur Marcara prifonnier, averty de l'arrivée du Commandant avec fes Troupes, prevoyant un orage qui alloit fondre fur toute la maifon, & l'abymer de fonds en comble auffi bien que tous ceux qui eftoient dedans, fe refolut de pourvoir au plus vifte à leur feureté & confervation.

Il employa à cet effet tout fon credit, & la faveur qu'il s'eftoit acquife aupres dudit Gouverneur & du Cotteval, afin de detourner ce grand orage. Il obtint à cet effet defdits fieurs Goujon, & Martin, à force de prieres, qu'il puft envoyer vers lefdits Cotteval, & Commandant des troupes, qui tenoient la maifon de la Compagnie inv* inveftie, un de fes Neveux, qui eftoit prifonnier avec luy pour les prier de luy faire la grace de luy venir parler, ce qu'ils eurent affez de bonté de faire ; & le fieur Marcara leur fit de fi fortes prieres qu'enfin il obtint d'eux de furfeoir jufques au lendemain que le Sieur Marcara envoyeroit parler au Sieur Gouverneur, comme il fit : enquoy il rendit un tres-confiderable fervice à la Compagnie, au prejudice de fa propre liberté.

Il n'y a perfonne qui ne juge que le Sieur Marcara ne rendît en cette occafion à la Compagnie un des plus fignalez feruices qui fe puiffe ; Il conferva la maifon de la Compagnie & fon Comptoir & fauva la vie generalement à tous ceux qui eftoient dans ladite maifon, & qui avoient confpiré contre fa liberté & fa vie ; qu'en ce rencontre, comme en bien d'autres, il a expofé fes interefts & fa liberté pour la Compagnie ; car lefdits Cotteval & Commandant n'avoient point d'autre excufe à donner audit Sieur Marcara pour s'exempter de luy accorder la grace qu'il leur demandoit, que de luy dire. *Nous ne fçaurions fouffrir que vous gemiffiez fous le ioug de l'oppreffion dans les Eftats du Roy de Golconde noftre Maiftre, vous de qui nous connoiffons l'innocence, & l'integrité de voftre conduite pour le bien de voftre Compagnie, pour les interefts de laquelle vous avez toûiours agy avec zele & courage* : A quoy le sieur Marcara leur respondit genereusement ces paroles : *Ie vous supplie, Messieurs, de ne vous mettre point en peine, ie sçauray bien par les voyes de Iustice, obtenir ma liberté, & tirer raison des mauvais traitemens que l'on me fait, en iustifiant mon innocence en temps & lieu.*

Le lendemain estant arrivé, & la surseance qu'avoient accordée au Sieur Marcara lesdits Cotteval & Commandant, expirant, iceluy sieur Marcara crût qu'il ne falloit point negliger cette affaire. Il écrivit une Lettre audit Sieur Gouverneur en la plus pressante maniere qu'il pust, qu'il luy envoya tout expres, & en diligence par son Neveu, lequel il fit accompagner par le Sieur Malfosse, & un François de la Compagnie, dans laquelle Lettre il le supplioit de tout son cœur, de vouloir donner ses ordres necessaires ausdits Cotteval & Commandant, de retirer leurs troupes de devant la maison de la Compagnie, qu'ils tenoient comme assiegée ; Qu'au reste il luy demandoit excuse de la brutalité de ce Martin & complices, dont le vin avoit troublé la cervelle, en sorte qu'il ne sçavoit ce qu'il faisoit ; Qu'il ne seroit pas juste que la Maison & tout un grand corps de Compagnie souffrist de la temerité d'un simple particulier qu'elle n'authorisoit pas dans une telle action : & avec d'autres semblables termes, qui firent un tel effet sur l'esprit de ce Gouverneur, qu'il se laissa fléchir à l'humble priere que luy faisoit le sieur Marcara, & inclinant à sa demande, deputa sur le champ un Expres qu'il envoya ausdits Cotteval & Commandant, avec ordre de se retirer avec leurs troupes : ce qu'ils firent apres l'avoir receu.

Cependant le sieur Gouverneur ne pouvoit souffrir que celuy en faveur & à la priere duquel il avoit accordé une grace si particuliere à ceux de sa Compagnie, qu'il avoit delivrez du danger éminent de perir tous, fust luy-mesme Captif, & n'eust pas la liberté qu'il avoit procurée aux autres. Cette pensée ne pouvoit entrer dans son esprit, particulierement lors qu'il se representoit la bonté du sieur Marcara : ce qui fit qu'il retint aupres de soy comme pour ostage ledit Mal-fosse & ledit François, qui avoient accompagné le neveu du sieur Marcara, porteur de la lettre qu'il luy avoit adressée, & envoya un de ses domestiques dire audit sieur Martin & autres Officiers François de la Compagnie, qu'il ne laisseroit point aller ledit Mal-fosse & ledit François, qu'ils n'eussent remis le sieur Marcara entre ses mains.

Si le mandement du sieur Gouverneur, & la detention qu'il faisoit de deux de leurs Coofficiers, donna une nouvelle alarme au sieur Martin, & aux autres Officiers de la Compagnie, elle n'amollit pas pour cela la dureté de son cœur : Il aima mieux encore exposer ses deux Compagnons à estre punis de la faute de luy sieur Martin dont ils estoient complices, que de mettre le sieur Marcara en liberté.

gaie à ne point relâcher le sieur Marcara.

Tout cela n'empescha pas encore que le sieur Marcara prisonnier, ne renvoyât son neveu vers ledit sieur Gouverneur, luy ordonnant de le prier de sa part de luy accorder la grace toute entiere, en mettant en liberté ledit Mal-fosse & ledit Francois. Son neveu, quoy que jeune, fit si bien sa Cour aupres de ce Gouverneur, tout à fait indulgent, & luy expliqua si naïvement la supplication que luy en faisoit son oncle, qu'il laissa aller les deux prisonniers d'ostage.

140.
Ledit sieur Marcara obtint encore dudit sieur Gouverneur, qu'il laissaft aller ledit Mal-fosse & leds: François.

Et c'est icy où l'on peut dire avec raison que le S Marcara pere est un fidelle imitateur, & qu'il surpasse mesme ce genereux Romain si renommé dans l'Histoire, lequel estant captif, obtint à la verité sa liberté à la seule caution de sa foy, mais à condition que si l'échange des captifs que tenoient aussi de leur costé les ennemis n'estoit pas par eux jugée à propos, & qu'on ne pût s'accorder, il reviendroit se rendre captif entre leurs mains.

141.
La constance du sieur Marcara surpasse celle des anciens Romains en fidelité pour la Compagnie.

Ce genereux Captif, tout de cœur pour sa patrie, vint à Rome, & parut en plein Senat où se devoit faire la deliberation, sçavoir si l'on rendroit captif pour captif : où estant écouté, sans se soucier de ses interests ny de sa vie mesme, il fit un discours éloquent, par lequel il persuada le Senat que l'échange proposée seroit plus prejudiciable qu'avantageuse à la Republique. Son sentiment ayant esté suivi ; pour ne pas violer sa foy, il s'en retourna à Carthage, se rendit dans sa premiere captivité, où il perdit genereusement la vie pour le bien & l'interest de sa patrie.

Le sieur Marcara pere a procuré la liberté de tous les autres, & a mieux aimé luy mesme demeurer captif, & son fils & ses neveux avec luy, & souffrir de ses ennemis les injures, & les insultes, les infamies, les prisons, les cachots & les fers, la faim, la soif, le froid, la nudité, que de trahir jamais les interests de la Compagnie qu'il avoit embrassez avec affection. Le détail de toutes ces cruautez sera fait cy-apres tout au long.

Quoy que le Gouverneur de Massulipatan eust par une grace speciale accordé au sieur Marcara pere tout ce qu'il luy avoit demandé ; il estima qu'il luy devoit encore rendre service malgré luy & à son insceu : & pour cet effet il donna avis en la Cour du Roy de Golconde de la détention injuste que les Officiers de la Compagnie Françoise faisoient de la personne de luy sieur Marcara dans ses Estats.

142.
Le sieur Gouverneur ne laiss pas de donner avis en la Cour du Roy de Golconde de la detention du sieur Marcara.

Le Roy de Golconde & toute sa Cour avoient peine de croi-re que cela fust vray ; apres les témoignages publics & les recits avantageux que le sieur Marcara avoit faits de la gloire de la Fran-ce, & de la conduite moderée de la Compagnie en toutes occur-rences, aussi-bien que de tous ses Membres & Officiers (sur les-quels recits il avoit accordé le Firman dont il a esté parlé cy-de-vant.) Et pour en estre plus amplement informé, il députa tout aussi-tost un Exprés au Gouverneur de Massulipatam, avec ordre de ne laisser emmener le sieur Marcara prisonnier en France.

Ledit sieur Gouverneur ayant receu ledit ordre, en donna in-continent avis au sieur Marcara par un de ses Officiers, luy mandant qu'il l'executeroit à main forte, & le mettroit en li-berté.

Cette nouvelle donna beaucoup à songer au sieur Marcara, qui prévoyoit de grandes & perilleuses suites, si ledit Gouver-neur en venoit à l'extrémité par la force. Pour parer encore ce coup, il s'avisa de mander les principaux de la ville de Massulipa-tam, qui en effet luy firent l'honneur de le venir trouver. Les Officiers de la Compagnie permirent au sieur Marcara de sortir du lieu de sa prison, & venir dans une salle, le tout dans le mesme Logis, y recevoir ces Messieurs qu'il avoit mandez, où estant ils eurent ensemble un assez long entretien, dans lequel le sieur Mar-cara apres leur avoir fait civilité leur parla en ces termes : *Ie ne doute pas, Messieurs, que Monsieur le Gouverneur en vertu du pouvoir qui luy en est donné par sa Majesté de Golconde ne me de-livre de la prison où je suis, il a la force en main pour le faire, & mesme qu'en le faisant il ne croye m'obliger. Cela ne se peut faire sans scandale pour l'honneur de la Compagnie & sans de facheux inci-dens, j'ay trop de zele pour son interest, pour que cela s'execute sans que je n'en aye un sensible regret. Mais le plus essentiel est que je suis innocent, & que ma sortie de cette maniere serviroit plûtost à me soup-çonner d'estre coupable. I'ay trop experimenté la Clemence du Roy de France & la conduite juridique de Messieurs de la Compagnie, dans les interests de laquelle ie suis. Et pour vous assurer, Messieurs, qu'ils me rendront une entiere iustice, & que i'aime mieux sortir de ma prison absous & purgé, que d'en sortir en qualité d'accusé ; cette maniere d'en sortir comme ie pretends me sera plus avantageuse & pour mon honneur & pour ma gloire qui en éclattera d'autant plus ; pourquoy, Messieurs, ie vous supplie d'approuver mes intentions & ma pensée, & d'en faire rapport à Monsieur le Gouverneur & de l'appuyer de vostre costé, à ce qu'il luy plaise ne point executer l'ordre du Roy de Golconde, & luy témoigner par vostre bonté qu'il m'obligera plus que jamais.*

Ces Meſſieurs avoient tant de conſideration pour le Sieur Mar_cara, que nonobſtant le déplaiſir extréme qu'ils avoient de le voir ſi indignement traité, ils furent pour luy complaire faire leur rap_port audit Sieur Gouverneur de tout ce que le Sieur Marcara leur avoit repreſenté. Ce Gouverneur ne pouvoit aſſez admirer le cou_rage inébranlable & le zele du Sieur Marcara pour le bien de la Compagnie au prejudice du ſien, & voyant que le Sieur Marcara eſtoit fixé à ce point de ſe purger authentiquement de toütes les accuſations que l'on pourroit forger, quoy qu'injuſtement, con_tre luy, d'avoir raiſon de ſa détention injuſte & de ſe juſtifier aupres du Roy de France & de la Compagnie, ſe deporta entie_rement de cette affaire, & n'executa point les ordres du Roy de Golconde.

Donc tout eſtant calme à Maſſulipatam par le moyen du Sieur Marcara, les Officiers ſe voyans en ſeureté du coſté du Gouver_neur de Maſſulipatam, ſongerent à recompenſer le Sieur Marcara de tous les bons offices qu'il leur avoit rendus, mais d'une maniere bien étrange.

Environ les 10. heures du ſoir du 16. Octobre 1670. tous leſdits Officiers de ladit Maiſon de la Compagnie vinrent dans le lieu où eſtoit detenu ledite Sieur Marcara priſonnier, armez des piſtolets & l'épée nuë à la main, pendant qu'il prenoit ſon repos, le tirerent d'un petit lit où il eſtoit couché, luy diſant milles injures & profe_rans des juremens & blaſphemes les plus horribles, luy dirent : Il faut que tu marches. Allons, ſi tu branles tu es mort, tenans toû_jours le piſtolet bandé ſur ſa teſte, ils ſe ſaiſirent de luy, le lierent & garoterent de longues & groſſes cordes qu'ils avoient apportées avec eux, les mains par derriere, & en cet eſtat nud en chemiſe le menerent ſcandaleuſement au port, où une Barque eſtoit preparée exprés pour le recevoir, & ſur laquelle eſtoit le ſieur Lambetty Maiſtre du Vaiſſeau la Couronne qui l'y attendoit, ſuivant le mot qu'ils s'eſtoient donnez reciproprement.

Arrivez qu'ils y furent ils empoignerent le Sieur Marcara leur priſonnier à fois de corps & tout lié & garotté de cordes qu'il eſtoit les mains par derriere, nud en chemiſe, le jetterent impetueuſe_ment comme une maſſe peſante dans cette Barque, de laquelle violence il fut bleſſé tres-griévement au genoüil, & en fut long_temps incommodé.

Pendant qu'on le conduiſoit dans cette Barque, ledit ſieur Lam_betty qui eſtoit aſſis & élevé au deſſus du ſieur Marcara luy tenoit toûjours le piſtolet bandé ſur le derriere de la teſte, ce qui donnant de l'apprehenſion au ſieur Marcara, il demanda au ſieur Lambetty

---

quelle estoit son intention, & le pressant fort là dessus, il luy fit réponse : Que cela ne vous mette point en peine ; c'est que j'ay ordre de la part du Sieur Martin, qu'au cas qu'il vienne quelque Barque à vostre secours de vous lâcher un coup de pistolet dans la teste. Il en fallut passer par là.

Estans entrez dans le Vaisseau la Couronne, on l'enferma dans un petit lieu du Chasteau dudit Vaisseau jusques au lendemain. Et le lendemain on le fit décendre encore nud en chemise avec quelques haillons dans un cachot tres étroit qu'ils preparerent à cet effet, avec du pain & de l'eau.

Et ledit jour lendemain seize du mesme mois, aussi à la nuit, lesdits Officiers furent pareillement querir le Sieur Marcara fils & ses deux petits Neveux, qu'ils amenerent aussi tous trois prisonniers dans le mesme Vaisseau, & mirent le Sieur Marcara fils, & le plus âgé desdits deux Neveux, dans le mesme cachot où estoit le Sieur Marcara pere.

Ils quitterent la rade de Massulipatam en ce triste estat le dit-sept d'Octobre 1670. & firent voile pour Surat, où ils arriverent le 10. Janvier ensuivant 1671.

La reception que leur fit le Sieur Caron leur ennemy juré, leur juge & leur partie, fut que pour leur bien-venuë il les fit attacher chacun d'eux à une grosse barre de fer & leur mettre de rudes fers aux pieds ; & comme la chemise qu'ils avoient au dos pour tous habillemens depuis le jour de leur depart de Massulipatam, qui estoit environ depuis trois mois, estoit toute usée & en pieces, il leur fit donner pour eux trois, deux petits draps de toile à demy usée pour couvrir leur nudité, & qui a esté, comme il sera dit cy-apres, tout leur habillement jusques à leur arrivée au Port Louïs, qui a esté environ 32. mois apres.

Les amis & compatriotes du Sieur Marcara pere, qui negotioient lors à Surat & y sejournoient pour cet effet, furent diverses fois prier instamment le Sieur Caron Directeur general de vouloir mettre le Sieur Marcara pere, son fils & ses neveux en liberté, luy offrirent précisément d'estre la caution dudit Sieur Marcara pere s'il estoit redevable de quelque chose à la Compagnie ; mais en vain : il estoit plus dur qu'un rocher à leurs prieres, & sourd à leurs propositions.

Ce n'estoit pas l'argent qu'il cherchoit alors, ce n'estoit que l'assouvissement de sa rage contre le Sieur Marcara. En un mot, ce n'estoit que sa vie qu'il demandoit, qui luy portoit trop d'ombrage. Les amis du Sieur Marcara voyans qu'ils ne pouvoient rien obtenir de ce costé-là du Sieur Caron, ils le supplierent au moins de laisser aller le Sieur Marcara fils, & son neveu Nazareth, qui n'avoient aucune part en l'affaire du Sieur Marcara pere, & qui estoient detenus sans aucune cause ny pretexte. Ils n'en eurent pas meilleure issuë. Il refusa pareillement d'un courage fier de leur accorder cette seconde demande ; & tout ce qu'ils purent obtenir, fut qu'il relaschast ledit Neveu du Sieur Marcara, nommé Nazareth, & retint le Sieur Marcara pere & fils, & son petit Neveu âgé de 4. ans languissans dans le fond dudit cachot tenebreux, dans lequel tout garottez & chargez de chaisnes qu'ils estoient, ils ne pouvoient se remuër, & leur restoit seulement une bien petite ouverture pour respirer l'air infecté qu'ils ressentoient dans ce püant cachot, avec fort peu d'aliment, qui consistoit en biscuit de mer & de l'eau.

159.
Le sieur Caron refusa se mesme de remettre en liberté le fils & les neveux du sieur Marcara.

Pour oster au sieur Marcara toute esperance de secours qu'il pouvoit attendre de ses amis dans son oppression, & pour le dépaïser entierement d'eux, il fit faire un autre cachot à son gré & comme il voulut dans le Vaisseau Saint François, qui alloit bien-tost partir pour Bantan, où il fit transporter le sieur Marcara pere & fils, & jetter dans le nouveau cachot, encore plus effroyable que l'autre. Son petit neveu appellé Mathieu, qui estoit demeuré prisonnier avec luy seulement âgé de quatre ans, estoit le seul qui le venoit visiter à travers un petit trou du cachot, & celuy seul qui faisoit tout son contentement, ce qui ayant esté rapporté au sieur Caron, & iceluy sçachant que le sieur Marcara caressoit cet enfant, & qu'il y prenoit tout son plaisir, il y donna bien-tost ses ordres pour l'empescher ; car il fit mettre cet enfant à terre & mener chez luy, où il le retint deux mois entiers, afin de priver le sieur Marcara de toute consolation, & le faire perir de miseres, de chagrin, & de desespoir, si la Providence qui estoit toute son esperance n'y eust pourveû.

160.
Nouvelle cruauté du sieur Caron envers le sieur Marcara & son fils.

161.
Il luy oste son petit Neveu, qui estoit toute sa consolation.

C'est dans le creux de cet effroyable cachot que les tenans à son entiere discretion, il leur faisoit souffrir tout ce qu'il vouloit, & par une barbarie toute extraordinaire les laissa dans le cachot 36. heures entieres sans boire ny manger. Il n'est point d'exemple d'une semblable inhumanité.

162.
Le laisse avec son fils 36. heures sans boire ny manger.

Toute la Ville de Surat estoit abreuvée de cette tyrannie. Un Marchand François qui estoit pour lors audit Surat, par un pur motif de charité & meû de compassion de la misere du sieur Marcara pere & fils, trouva moyen de venir dans le Saint François, & aborder secrettement le cachot où ils estoient. Il leur dit, Messieurs, le seul dessein du sieur Caron est vous faire perir de miseres, je le sçay de sa bouche ; il vous fatiguera tant, & vous fera telle-

163.
Avis donné au sieur Marcara par un Marchand François du dessein que le sieur Caron avoit de le faire perir, & qu'il cherchast son salut en sa fuite.

ment souffrir, qu'il viendra à bout de ce qu'il s'est proposé. Vostre unique salut est dans la sortie de vostre prison, il n'y a point d'autre remede, il le faut faire ou se resoudre à mourir. Le sieur Caron en a fait un serment trop solemnel.

Le sieur Marcara ayant écouté l'avis de ce charitable Marchand François, il luy répondit. Quel apparence y a-t-il, Monsieur, que des gens garrottez & chargez de chaisnes & de fers ayent seulement cette pensée, je n'y voy pas de jour & de lumiere, si vous en sçavez quelque moyen vous m'obligerez bien de m'en faire part. Le moyen qu'il luy donnast fut qu'il apporta audit sieur Marcara pere des outils & autres instrumens propres pour limer les fers de leurs pieds, & ouvrir un cadenat qui les tenoit fermez, & outre luy apporta un autre instrument pour nager en mer : le sieur Marcara trouva cette invention faisable.

En effet ledit sieur Marcara pere prit son temps, & par le moyen de cette lime il se délivra de ses fers, ensorte qu'environ la minuit à la faveur de la nuit, & pendant que les Matelots pleins de vin estoit accablez de sommeil, aprés avoir fait un trou dans le cachot à passer bien petitement son corps nud, il se jetta en mer ; mais soit qu'à cause de la pesanteur de son corps, & qu'il ne sçavoit pas nager ou autrement, nonobstant l'instrument que luy avoit donné ce Marchand François, il ne laissoit pas d'enfoncer dans l'eau ; en sorte que se voyant ainsi enfoncer & prest à se noyer, il fut obligé d'appeler de toute sa force les Matelots, qui aux grands cris qu'il faisoit s'éveillerent enfin, vinrent le reprendre dans une barque lors que le sieur Marcara n'en pouvant plus, alloit estre englouti dans les ondes.

La Providence n'en avoit pas encore ordonné ; l'heure n'en estoit pas venuë, elle vouloit qu'il souffrist bien d'autres oppressions avant que de recouvrer sa liberté ; Que si la divine Providence eust permis que son dessein eust reüssi, il se seroit refugié dans un lieu à couvert de la fureur de son ennemy le sieur Caron, & auroit dés lors fait voir en sureté à Messieurs de la Compagnie & à toute la terre son innocence.

Les Matelots ayant donc ainsi repris le sieur Marcara, ils le renfermerent plus étroitement dans son miserable cachot, où il aima encore mieux attendre la mort à loisir que de l'avoit trouvée prochaine dans le sein de la Mer ; Car en effet, il n'y a personne au monde pour intrepide qu'il soit, qui ne l'aprehende, lors qu'il la void prochaine & inévitable comme la voyoit le sieur Marcara : *Omnium terribilium, terribilissimum est mors ;* Ils le chargerent encore

core

core de fers plus pefans , & accrûrent la mefure ordinaire de leurs premieres cruautez.

Une perfonne de merite pour lors à Surat, qui eftoit en reputation de conjecturer affez heureufement des chofes à venir, touchée d'une compaffion naturelle pour fon femblable , fçachant la mifere où eftoit ledit fieur Marcara & fon fils , eut la bonté de venir les vifiter à travers leur cachot : il les confola de fa prefence , & apres que ledit fieur Marcara luy euft dit qu'il eftoit dans une grande inquietude de fçavoir quand finiroient leurs miferes. Voicy les propres termes de la réponfe qu'il luy fit : *Ne vous mettez pas en peine davantage de chercher icy les moyens de vous tirer de l'oppreffion fous laquelle vous gemiffez : vous n'y trouverez aucun remede dans les Indes , voftre captivité fera longue. Vn Grand Roy femblable à Salomon prendra connoiffance de voftre affaire , & luy feul vous donnera confolation, & vous rendra la liberté apres laquelle vous foûpirez.*

Le fieur Marcara n'afpiroit qu'apres l'heureux jour de fa délivrance , & le fieur Caron de fon cofté ne fongeoit qu'à opprimer fans ceffe le fieur Marcara , & le faire promener & fon fils dans fon cachot par toutes les Mers des Indes , de peur qu'il n'abordaft en France.

A cet effet le fieur Caron monta avec grande pompe fur ledit Vaiffeau Saint-François où eftoient fes captifs, & partit de Surat le premier Avril 1671. pour aller à Bantam y eftablir un Comptoir de la Compagnie, quoy que le moindre Commis de ladite Compagnie auroit pû fans difficulté établir ce Comptoir à trespeu de frais. Cependant le fieur Caron y voulut aller luy-mefme en perfonne. A cet effet, il fit un grand appareil, & fe fit efcorter du Saint-Paul & du Vautour, avec un équipage de cinq ou fix cens hommes, & une dépenfe à la Compagnie de plus de deux cens mil livres, quoy qu'il nignorât pas que fa prefence n'y eftoit point neceffaire. Un des Vaiffeaux fufdits pouvoit feul porter facilement la charge de trois enfemble, le refte eftoit chargé de Marchandifes pour le compte particulier dudit fieur Caron, & fous des noms empruntez , entre-autres du nommé Sidot fa creature & à fa devotion.

Ils n'eurent pas plutoft quitté la rade du Surat pour Bantam, comme nous avons dit, au premier d'Avril 1671. qu'il s'avifa d'une invention diabolique. Il crût que ce n'eftoit pas affez à fa fantaifie que de detenir fes prifonniers les fieurs Macara pere & fils dans un mefme cachot, & de les traiter comme il les traitoit

F

169.
Prediction faite par une perfonne qui fe mêloit de conjecturer, de la liberté que le fieur Marcara devoit recouvrer par l'authorité d'un grand Roy.

170.
Le Sieur Marcara foûpire apres fon arrivée en France.

171.
Dépenfe effroyable du fieur Caron pour s'acheminer à Bantam fans aucune neceffité ny utilité pour la Compagnie.

172.
Le Sieur Caron fepare les fieurs Marcara pere & fils l'un de l'autre pour les affliger d'avantage.

tres-inhumainement ; il fe refolut de les feparer l'un d'avec l'autre, afin de leur ofter tout fujet de confolation reciproque qu'ils pouvoient fe donner dans leurs miferes, autant que la conjoncture de l'eftat où ils eftoient, le pouvoit permettre.

A la bonne heure encore fi ledit fieur Caron s'en eftoit tenu là ; mais ayant tiré le fieur Marcara fils d'avec fon pere, il le fit mettre tout nud fur le pont, expofé à toutes les injures du temps, foit de nuit foit de jour, du chaud, du froid & du ferain, qui font extremement fâcheux fur ces mers, & le força de travailler fans ceffe ny plus ny moins qu'un fimple Mattelot, tout nud comme il eftoit, & feulement lors âgé d'environ 18. ans, avec ordre par écrit qu'il donna aux Officiers du Vaiffeau de luy faire faire toutes les manœuvres d'iceluy Vaiffeau, & de l'exceder de coups de cordes au cas qu'il refufaft de les faire.

173.
Invention diaboli-
que & cruauté é-
trange du Sieur Ca-
ron à l'endroit du
Sieur Marcara fils.

Le deffein du Sieur Caron n'eftoit autre que de faire enforte que le fieur Marcara fils, n'eftant pas de fa profeffion de faire le Mattelot, & de monter comme eux jour & nuit fur les mats, & autres endroits les plus perilleux du Navire, tombaft par quelque fâcheux accident dans la Mer, & perift ainfi malheufement, & que la nouvelle tant de la peine qu'il fouffroit que de la mort fi elle s'en enfuivoit, en eftant portée au fieur Marcara pere, il en prift un tel chagrin & s'en faifift fi fort, qu'il en mouruft auffi, & que par ce moyen luy fieur Caron vift fon deffein accompli par la mort du pere & du fils.

174.
Le deffein du Sieur
Caron de faire
mourir le fieur Mar-
cara de déplaifir par
le mauvais traite-
ment de fon fils.

La Providence ne l'a pas voulu ainfi ; elle a donné & à l'un & à l'autre du courage, de la force & de la patience également pour y refifter, non toutesfois fans que le pere foit caffé entierement de tous les mauvais traitemens, & que le fils ne reffente encore aujourd'huy une fâcheufe défluxion froide qui luy furvint pendant cette fâcheufe manœuvre, & lors qu'il travailla audit Navire en ce penible travail pendant l'efpace de trois mois continuels.

175.
La grande force &
courage des Sieurs
Marcara à fouffrir
les mauvais traite-
mens du fieur Ca-
ron.
176.
Le Sieur Marcara
fils en eft refté no-
tablement incom-
modé.
177.
Arrivée du fieur
Caron & de fes pri-
fonniers à Bantam.
178.
Le Sieur Caron ap-
prend la nouvelle
de la venue de nou-
veaux Directeurs
Generaux dans les
Indes.

Enfin les Vaiffeaux de l'équipage aborderent à Bantam le 7. Juillet enfuivant, où le fieur Caron apprit des nouvelles qui ne luy eftoient point fort agreables.

Une Lettre venuë de Batavia luy apprit à fon arrivée que les fieurs Gueton & Blot Directeurs Generaux de la Compagnie, eftoient partis de France pour venir à Surat, prefider au Confeil & Commerce de la Compagnie, & que Monfieur de la Haye Viceroy de Madagafcar, venoit pareillement à Surat, avec une Armée confidérable.

Il ne douta pas que cette venuë ne luy fuft préjudiciable dans

la conduite qu'il avoit tenuë contre lesdits sieurs Marcara pere &
fils : c'est pourquoy il luy falut encore chercher un esquif pour
empescher que le sieur Marcara ne parust à la face de monditSieur
de la Haye & de ces nouveaux Directeurs Generaux, & non sans
cause : ç'auroit esté pour luy sieur Caron une Chambre de Justice, ou des Conseillers envoyez pour tenir les Grands jours à son
égard.

Ce que prevoyant, il se dépescha d'establir ledit Comptoir à
Bantam, qui estoit le seul sujet qui l'y avoit amené, pour l'établissement duquel il fit de grands presens à un petit Prince, qui
montoient à plus de trente mille roupis, qui font bien quarante-
cinq mille livres, sans aucun avantage pour la Compagnie. Ce
qu'estant fait, il ne perdit pas un moment apres, & tout troublé
du bruit de l'arrivée de ces nouveaux Directeurs Generaux, il
remonta sur le Saint-Paul, accompagné du Vautour, partit de
Bantam le troisiéme d'Aoust 1671. & reprit la route de Surat.

Il laissa tout expres & à dessein le Saint-François, dans le cachot
duquel estoient lesdits sieurs Marcara pere & fils, sous un pretexte
grossier de le faire charger de poivre, encore bien qu'il l'eust pú
faire en sa presence s'il l'eust voulu en deux fois 24. heures, &
l'emmener avec luy, tous les Magasins estans pleins ; mais il n'a-
voit garde de le faire ; car il sçavoit bien que le Vaisseau portoit
des innocens, qui par leur justification le rendroient le plus coupable & le plus inhumain de tous les hommes, aussi n'estoit-ce
pas-là son dessein.

Ledit Sr Caron aima bien mieux laisser ledit Vaisseau & lesdits
Srs Marcara pere & fils dans le cachot d'iceluy exposez à la corru-
ption de l'air de ce Port, qui est la plus grande qui soit au monde
pour les y faire mourir en peu de temps, pendant qu'il iroit pre-
venir & preparer l'esprit de ces nouveaux Directeurs à Surat contre ledit sieur Marcara pere, & faire ensorte en tout cas qu'il ne
fust par eux écouté en ses deffenses & justifications.

Le Saint-François ayant chargé tout à loisir son poivre,
pendant trois mois où il ne faloit que deux jours, partit de
Bantam avec le sieur Marcara & son fils toûjours dans leur cachot, le premier Novembre 1671. & arriva à la rade de Suvaly
port de Surat le treiziéme Fevrier 1672. duquel le Sieur Caron
estoit deja parti avec Monsieur de la Haye pour aller à Ceylan luy
enseigner les Pais imaginaires dont il avoit proposé la conqueste.

A l'arivée du Vaisseau Saint François ils trouverent le sieur Belot Directeur General, qui ne leur montra pas d'abord un visa-
ge trop favorable : ce qui fit bien prejuger audit sieur Marcara

179.
Le Sieur Caron a
peur de leur arrivé.

180.
Dépense exhorbi-
tante & inutile du
sieur Caron en pre-
sens pour le petit
Prince de Bantam.
181.
Le Sieur Caron part
de Bantam pour
Surat le 3. Aoust
1671.

182.
Le sieur Caron laisse
ses prisonniers à
Bantam sur le Saint
François, & s'en va
à Surat.

183.
Pour les faire perir
du mauvais air de
Bantam.

184.
Le Sieur Marcara
& son fils toûjours
dans leurs cachots
quittent la rade de
Bantam, & arri-
vent à Svaali port
de Surat le 13. Fe-
vrier 1672.
185.
Reponse peu favo-
rable de Monsieur
Belot Directeur
General au sieur
Marcara.

pere qu'il auroît peu de satisfaction de luy, & que le sieur Caron l'avoit déja gagné. Il ne laissa pas de luy faire ses plaintes contre la tyrannie du Sr Caron, & de luy en faire éclater ses ressentimens d'une voix moribonde estant à l'extremité, tant par la longueur des voyages de mer que par les fers, les cachots, la faim, la soif & la nudité qu'il souffroit depuis long-temps avec son fils. Ce tableau de miseres n'attira guere la compassion du Sr Belot, lequel pour toutes réponses luy dit ; Je ne me mêle pas, Monsieur, des affaires de Monsieur Caron. Lors que je luy ay voulu demander vos Comptes pour en voir l'estat, & vos papiers pour les examiner, il m'a dit ne les avoir pas, & qu'il les avoit envoyés en France ; c'est pourquoy, Monsieur, Je ne puis que vous faire : voicy un Vaisseau qui va partir pour France, où vous pourrez vous mettre dessus avec Monsieur vostre fils, & vous justifier lors que vous serez arrivez, comme bon vous semblera auprès de Messieurs de la Compagnie,

A cét effet ledit Sr Belot Directeur general fit transporter les sieurs Marcara pere & fils, avec leurs chaisnes & leurs fers, du Vaisseau Saint-François sur le Vautour, sans les leur faire oster. Lequel Vaisseau du Vautour reprit la route de Bantam, où il arriva au commencement de May ensuivant 1672.

Il y sejourna environ six mois, & toûjours les sieurs Marcara pere & fils dans le cachot, dans les fers, & dans leurs miseres ordinaires. Ce Vaisseau partit enfin le 20. Octobre audit an, & fit voile vers le Bresil, où il aborda le 1. Fevrier 1673.

Aprés s'y estre ravitaillé pendant tout ledit mois, il prit la route de France le 1 jour de Mars ensuivant, & arriva au Port-Louys le 26. May audit an 1673.

Il estoit temps de donner un peu de trêve à la tyrannie. Les sieurs Marcara pere & fils n'en pouvoient plus, ils alloient miserablement succomber sous le joug de l'oppression, & il n'est pas necessaire de faire un long discours pour persuader cette verité à toute la Terre. Il n'y a personne qui à la lecture de cette histoire tragique, pour barbare qu'il soit, n'en soit touché de compassion pour les sieurs Marcara pere & fils, quoy-qu'ils luy soient inconnus, & qui ne dise que leurs corps estoient de veritables rochers, pour avoir pû supporter toutes ces miseres & ces mauvais traitemens.

Aussi la Providence Divine, qui ne laisse rien impuni, montra-t-elle, à l'égard du sieur Caron & de tous les autres persecuteurs, & ennemis dudit Sieur Marcara, les effets visibles de sa vangeance.

Le sieur Caron estant abordé prés les costes de France, avec tous ses tresors qu'il avoit amassez aux dépens de la Compagnie, saisi de terreur qu'on ne luy fist son procés en France, rebroussa chemin, & pour mettre en seureté tout son bien, prit route en Portugal, où estant sur la riviere du Tage, dans le port mesme de la Ville de Lisbonne Capitale de Portugal, les cables de son Vaisseau estans venus à manquer tout d'un coup, ledit Vaisseau se fendit en deux, & le miserable Caron, qui n'avoit cherché qu'à faire perir le sieur Marcara dans les ondes, y trouva luy-mesme son tombeau avec toutes ses richesses, pierreries & tresors qui y furent pareillement abismées.

Le sieur Roussel, qui avoit injustement accusé le sieur Marcara, de laquelle accusation il se retracta neanmoins ensuite, mourut subitement dans une étrange posture, proferant ces dernieres paroles : *Tout le regret que j'ay, c'est d'avoir offensé Monsieur Marcara.*

Le sieur Goujon, pressé d'un cuisant regret d'avoir esté le ministre de l'injustice du sieur Caron, mourut huit jours aprés qu'il eut fait emprisonner ledit sieur Marcara, son fils & ses neveux.

Le sieur Malfosse, qui eut tué le sieur Marcara d'un coup de poignard s'il n'en avoit esté empesché, a luy-mesme esté poignardé dans les Indes.

Le sieur Portail, qui avoit esté le principal correspondant du sieur Caron pour persecuter le sieur Marcara, s'en retournant en France sur le Vaisseau la Couronne, se donna de la teste contre une barre de fer, dont il demeura mort sur la place.

Le sieur Martin, qui estoit le Fierabras du sieur Caron pour mal-traitter le sieur Marcara, gemit encore à present en la coste de Coromandel pour la perte qu'il a faite de sa veuë.

Tant il est vray que nous serons mesurez à la mesme mesure que nous aurons mesuré les autres.

Ce fut alors, aprés avoir demeuré douze jours à l'anchre, que le sieur Roullot Agent de la Compagnie, & par son ordre, se transporta sur ledit Vaisseau, pour tirer les sieurs Marcara pere & fils. Et c'est icy où tout cœur tendre peut faire une reflexion attentive. Voilà donc qu'on arrache ces deux prisonniers, plus morts que vifs, qui ne pouvoient se soûtenir, pour avoir nuit & jour esté toûjours assis pendant trente-deux mois, attachez à une barre de fer par les pieds, chargez de chaisnes, dont le sieur Marcara porte encore les cruelles marques, tous noircis de la puanteur & pestilentielle exhalaison de tant de divers cachots, accablez de la faim , de la soif, du chaud, du froid , & de mille & mille autres tourmens inconcevables qu'ils avoient soufferts pendant tout ledit temps. Et c'est justement à chacun d'eux qu'on peut appliquer ces paroles de Virgile sur Enée :

Tantum ille & terris jactatus & alto.

& au Sieur Caron, & aux executeurs de ses cruautez ,

Tantæne est animis terrestribus iræ ?

En cet équipage le sieur Roullot , aprés leur avoir osté leurs fers, conduisit lesdits sieurs Marcara pere & fils , & son petit neveu , en la Citadelle du Port Louys, où il les constitua prisonniers entre les mains de Monsieur de Beauregard Lieutenant de Roy commandant dans la Ville & Citadelle du Port-Louys, Hennebours & Quinperlay.

Le sieur Roullot s'estant acquitté de sa charge, & ordonné à ces trois prisonniers à chacun seulement treize sols 4. deniers par jour pour leur nourriture, comme si c'eussent esté les plus viles personnes du monde , Monsieur de Beauregard peu de jours aprés receut une Lettre de Messieurs les Directeurs generaux de la Compagnie. par laquelle ils luy faisoient de nouvelles instances de tenir lesdits sieurs Marcara pere & fils prisonniers, & étroitement gardez, & ne leur donner qu'à chacun six sols huit deniers pour leur nourriture, comme si c'eussent esté les plus infames forçats des Galeres.

Lesdits sieur Marcara pere & fils se voyant un peu soulagez par la décharge de leurs chaisnes, s'attendoient de se voir bien-tost delivrez de leur captivité, & que les sieurs Directeurs generaux leur rendroient justice en-tout & par tout : mais ils furent bien tost obligez de changer de pensée par la susdite Lettre & ordre donné audit sieur de Beauregard, & virent bien que lesdits sieurs Directeurs generaux authorisoient ledit sieur Caron, & que tout ce qu'il avoit fait & exercé à l'endroit desdits sieurs Marcara pere & fils avoit esté fait de concert & d'intelligence entre eux.

Suivant cette Lettre & ordre on continua de les détenir tout nuds, comme ils estoient sortis du Vaisseau le 7. Juin, jusqu'au mois de Novembre ensuivant, que Monsieur de Beauregard Gouverneur de ladite Citadelle ne pouvant devant ses yeux souffrir un tel spectacle, écrivit à Messieurs de la Compagnie pour les faire habiller, leur mandant qu'il ne pouvoit pas tenir des prisonniers en cet estat. Et quelque temps aprés vint l'ordre de les faire habiller, ce qui fut fait audit mois de Novembre.

Ledit sieur de Beauregard leur manda pareillement qu'ils avifaſſent à ce qu'ils vouloient qu'il fiſt de leurs priſonniers ; qu'il ne les pouvoit plus garder ſans un ordre exprés de Sa Majeſté ; & que s'ils ne faiſoient leurs diligences, il leur donneroit la liberté.

A quoy leſdits ſieurs Directeurs de la Compagnie firent réponſe audit ſieur de Beauregard, qu'ils en avoient parlé à Monſieur Colbert, & qu'il leur avoit promis bien-toſt un ordre de Sa Majeſté.

Monſieur de Beauregard ayant receu cette réponſe, qui ne tendoit qu'à tirer de long, afin de faire toûjours languir ces priſonniers dans les priſons du Port-Louys, écrivit directement tout ſur le champ à Monſieur Colbert : & quelques jours apres il receut une Lettre de cachet du Roy, par laquelle, ſur la remontrance deſdits ſieurs Directeurs à luy faite, il ordonnoit de détenir encore les priſonniers juſques à nouvel ordre. Cette Lettre de cachet eſt du mois d'Aouſt 1674.

Depuis lequel temps leſdits ſieurs Marcara pere & fils, & neveu, furent encore priſonniers juſques au quatriéme Février enſuivant 1675. qu'ils furent élargis par authorité & en vertu de l'Arreſt du Conſeil de Sa Majeſté, en datte du douziéme Janvier précedent audit an 1675. dont la teneur enſuit.

202.
Monſieur de Beauregard Gouverneur de ladite Citadelle écrit à M. Colbert.

203.
Les Sieurs Directeurs Generaux obtiennent un ordre du Roy pour faire detenir les Sieurs Marcara pere & fils priſonniers au Port-Louys, & l'envoyent à Monſieur de Beauregard.

204.
Les ſieurs Marcara priſonniers juſqu'au 4. Fev. 1675. qu'ils furent élargis par Arreſt du Conſeil du Roy.

Extrait des Regiſtres du Conſeil d'Eſtat.

LE ROY ayant eſté informé que les Directeurs & Agens des affaires du Commorce de la Compagnie des Indes Orientales, ont fait toutes les diligences & procedures poſſibles tant à Golconde qu'à Maſſulipatam, pour convaincre le nommé Martin Marcara & ſes complices, de la diſſipation & divertiſſement qu'ils ont commis des effets de ladite Compagnie au Comptoir de Maſſulipatam, ſur leſquelles le procés n'ayant pû eſtre fait & parfait à Maſſulipatam à cauſe des entrepriſes du Gouverneur de ladite Ville : ledit Marcara & ſes complices auroient eſté renvoyez à Surat pour y eſtre jugez, auquel lieu les Directeurs de la Compagnie n'auroient pas eſtimé à propos de proceder audit jugement par la conſideration des Armeniens, qui ſont en grand nombre en ladite Ville, & qui ſe trouvoient diſpoſez à proteger les gens de leur Nation, ce qui auroit obligé leſdits Directeurs de Surat de renvoyer en France ledit Marcara & ſon fils ſur le Vaiſſeau nommé le Vautour, où eſtans arrivez ils auroient eſté mis dans la Citadelle du Port-Louys : Et eſtant neceſſaire de connoiſtre la conduite deſdits accuſez, OVY le Raport du Sieur Colbert Conſeiller ordinaire & Controlleur General des Finances : LE ROY ESTANT EN SON CONSEIL a ordonné & ordonne que leſdits Marcara pere & fils

Arreſt du Conſeil d'Eſtat, qui ordonne l'elargiſſement deſdits Sieurs Marcara pere & fils Priſonniers.

Expoſé des Sieurs les Directeurs generaux, contre touſte verité.

feront mis hors la Citadelle du Port-Louys, à la charge de se rendre en cette Ville de Paris dans trois semaines, du jour qu'ils seront mis en liberté, & de comparoir paedevant le Sieur Turgot, Saint Clair Conseiller du Roy en ses Conseils, Maistre des Requestes ordinaires de son Hostel, que sa Majesté a Commis à cet effet, pour estre par luy ouys & interrogez sur les faits resultans des pieces, qui seront mises és mains de M   Corsonnois Commis, le tout à peine de conviction; & à cet effet ils auront les Grands chemins du Port-Louys à Paris pour prison, pour le tout fait & raporté estre par sa Majesté pourveu ce qu'il appartiendra: Et sera le present Arrest & ce qui sera ordonné par ledit Commissaire executé nonobstant oppositions, appellations & autres empeschemens, pour lesquels ne sera differé; & dont si aucunes interviennent, Sa Majesté s'en reserve à soy & à son Conseil la connoissance, icelle interdit à toutes ses Cours & autres Iuges. FAIT au Conseil d'Estat du Roy, sa Majesté y estant, tenu à Saint Germain en Laye le deuxiéme jour de Ianvier 1675. Signé, ARNAVLD, avec paraphe.

Pendant tout le temps de sa détention au Port-Louys, le sieur Marcara à peine laissa-t-il passer un ordinaire qu'il n'écrivist aux Sieurs Directeurs, pour les prier de luy faire faire son procés, afin qu'au moins il fust condamné s'il estoit trouvé coupable, absous si on le jugeoit innocent; mais en vain. Jamais il ne pût tirer d'eux aucune réponse. En ce mesme temps les affaires de la Compagnie estant en mauvais ordre au Port-Louys, Messieurs les Directeurs jetterent les yeux sur Monsieur de Cauville, personne dont le merite & l'experience aussi bien que le zele pour la Compagnie estoient également connus. Il fut député pour aller audit lieu du Port-Louys, armer & esquipper les Vaisseaux le Blanpignon & l'Heureuse, y restablir l'ordre, corriger les abus, & les friponneries qui s'y faisoient, casser les Officiers inutiles, ce qu'il executa avec beaucoup de prudence, establit de bonnes regles pour toûjours & fit un profit de plus de cent mil écus à la Compagnie dans les deux Voyages qu'il y fit pendant la detention du sieur Marcara, lequel sieur Marcara l'informa de tout ce qui s'estoit passé aux Indes, des injustes persecutions & tyrannies que les Officiers de Messieurs les Directeurs luy avoient fait souffrir, & le convainquit si fortement de son innocence, que Monsieur de Cauville se crut consciencieusement obligé d'en donner avis à Messieurs les Directeurs, il leur écrivit pour cet effet plusieurs fois, mais jamais ils ne luy voulurent faire de réponse sur cet article.

Tout au contraire lesdits Sieurs Directeurs s'estans bien aperceûs qu'il n'y avoit rien de blâmable en toute la conduite du sieur

Marcara

fieur Marcara, que les accufations que l'on avoit fait faites contre luy eftoient fauffes & frivoles, qu'ils avoient mal-fait d'avoir authorifé la paffion & la vengeance cruelle du fieur Caron, Directeur General leur Collegue, & qu'ils n'en pourroient éviter la jufte condamnation, au lieu de luy faire juftice eux-mefmes fens l'attendre d'une puiffance Souveraine, arrefterent entre-eux de le faire rembarquer derechef avec fon fils & fon petit neveu fur le premier Vaiffeau qui s'en retourneroit aux Indes, fous pretexte de le renvoyer en fon païs, afin d'étouffer cette affaire, & empefcher qu'elle ne vinft aux oreilles de fa Majefté, qui fans acceptation de perfonnes & de qualitez rend également juftice à tout le monde, & ainfi s'exempter entierement de rien payer audit fieur Marcara de fes legitimes demandes.

ferer encore les fieurs Marcara pere & fils & de les faire rembarquer fur le premier Vaiffeau qui feroit voile, fous pretexte de les renvoyer aux Indes.

Mais Dieu en avoit autrement ordonné, & fa providence qui fe plaift à confondre la malice & à faire éclatter l'innocence, voulut que dans ce temps où l'on avoit Guerre avec les Hollandois, leur Armée Navale eftant fur les Côtes de Bretagne devant Belle Ifle, Monfieur le Marquis de Lavardin Lieutenant General de Bretagne, s'en alla en cette Province par ordre de Sa Majefté pour défendre ces Coftes. Il arriva au Port-Louys le vifita la Citadelle dudit lieu, & y trouvant lefdits Sr Marcara pere, fils, & neveu dans un eftat fi déplorable, il s'informa d'eux quels ils eftoient. Le Sr Marcara pere luy fit en deux mots un récit de toutes leurs miferes & des injuftes perfecutions qu'on leur avoit fait fouffrir, à quoy il ajoûta que les Srs Directeurs de la Compagnies des Indes par un motif d'intereft particulier avoient donné par leurs calomnies de mauvaifes impreffions à Monfieur Colbert de la perfonne dudit fieur Marcara, de forte que toute audiance leur eftoit deniée. Cela toucha fi fenfiblement le cœur de ce genereux Marquis que fur les inftantes prieres que luy en fit ledit fieur Marcara, il luy promit d'employer pour luy tout fon pouvoir & fon credit; & d'écrire en fa faveur; comme il fit plufieurs fois à Monfieur Colbert, pour le détromper & luy faire voir l'innocence dudit fieur Marcara.

107.
Venuë du Sieur Ieam Marcara, frere dudit Marcara pere, de Bengale à Paris, pour le fervir en fon affliction.

La generofité de Monfieur le Marquis de Lavardin ne fe borna pas là. Comme il eftoit bien inftruit de l'affaire dudit fieur Marcara, il ne fut pas plûtoft arrivé à Paris qu'il en informa particulierement Monfieur Colbert, & pour comble de bon-heur Dieu fufcita encore dans cet inftant, Jean Marcara coufin-germain & frere à la mode du Levant dudit fieur Marcara pere, lequel ayant appris à Bengale dans le fond des Indes où il eftoit le malheur du fieur Marcara fon Coufin, abandonnant fa famille & fes propres affaires, s'achemina en France pour le servir dans son affliction. Il fut deux années entieres en son voyage, où il endura des peines, des fatigues & des travaux inconcevables qui luy causerent bien-tost aprés la mort.

208.
Le sieur Iean Marcara presente un placet au Roy pour les sieurs Marcara Pere & fils prisonniers, & obtient leur liberté.

Enfin il arrive à Paris, & suivant l'instruction que luy en avoit donné ledit sieur Marcara son frere, il a recours à Monsieur le Marquis de Lavardin, le conjure de ne pas laisser imparfait, ce qu'il avoit si heureusement & si genereusement commencé. Monsieur le Marquis de Lavardin admirant en cela les ressorts de la Providence Divine reçoit favorablement ledit sieur Jean Marcara, luy promet toute sorte de protection; Et en effet il a la bonté de luy ouvrir un accez auprés du Roy, & de luy procurer un moyen de s'aller jetter aux pieds de Sa Majesté & de luy presenter un Placet pour l'élargissement desdits sieurs Marcara pere, fils & neveu. Sa Majesté l'écoute, prend son Placet par sa bonté ordinaire, & le renvoye à Monsieur Colbert, lequel en ayant fait son rapport en plein Conseil, Sa Majesté y estant, le 2. Janvier 1675. intervint l'Arrest cy-dessus transcrit.

209.
Accomplissement de la prediction dont a esté fait mention cy-devant.

Il est tout clair & manifeste que l'arrivée de ce bon frere fut un coup du Ciel pour ces pauvres languissans prisonniers. Et c'est icy qu'est accomplie la prediction de cette personne de qualité dont il a cy-devant esté parlé en la page 39. *Qu'il n'y auroit qu'un grand Roy semblable à Salomon qui délivreroit lesdits Sieurs Marcara pere & fils de la captivité de leurs fers.* Aussi en seront-ils redevables toute leur vie à Sa Majesté, & publieront par tout sa bonté & sa justice extraordinaires.

210.
Mort de Iean Marcara.

Aprés que ce bon parent le sieur Jean Marcara eut obtenu de Sa Majesté ledit Arrest d'élargissement pour ledit sieur Marcara son frere, son fils, & Matthieu son petit neveu, il tomba grievement malade: de laquelle maladie, accablé de fatigues & de chagrin, il mourut, aprés avoir procuré la liberté à ses parens aux dépens de sa propre vie.

211.
Départ du sieur Marcara du Port-Louys avec son fils & son neveu: & leur arrivée à Paris.

Le sieur Marcara ayant receu l'ordre de son élargissement, de son fils & de son petit-neveu, se vit encore bien embarrassé pour se conduire à Paris; d'autant qu'il n'avoit pas un denier, & que les sieurs Directeurs luy refusoient jusques au necessaire pour ce voyage. Il fut obligé de mandier le secours de ses amis, & fit tant que par leur moyen il partit du Port Louys le 4. Fevrier de ladite année 1675. & arriva à Paris le 17. du mesme mois, où il apprit la mort de son genereux parent, qui luy causa un sensible regret.

212.
Les sieurs Marcara

Deux jours aprés son arrivée qui fut le 19. il s'alla presenter avèc son fils à Monsieur Turgot-Saint-Clair Commissaire susdit, nommé par Sa Majesté, lequel en execution dudit Arrest du Conseil d'Estat dudit jour 2. Janvier 1675. les interrogea le Mardy 11. Mars ensuivant 1675. sur les faits concernans les pretenduës accusations contre eux avancées par lesdits Sieurs Directeurs generaux, Memoires, & autres pieces qu'iceux Directeurs remirent vers ledit sieur Commissaire.

Voilà le recit fidelle & au vray du fait, & de tout le mauvais traitement que lesdits Sieurs Marcara pere & fils ont receus, sans aucune exaggeration : & de ce fait resulte la justice des 4. chefs de demandes expliquées au commencement du present Factum.

En effet, les sieurs Marcara pere & fils, ayant ainsi suby interrogatoire pardevant Monsieur Turgot-Saint-Clair, répondu sur faits & articles pertinens, à eux préalablement communiquez, comme dit est, & justifié leur innocence, les sieurs Directeurs commencerent à se relâcher tout à coup de leurs poursuittes, & auroient été bien aises d'en estre quites, par l'abandonnement qu'ils faisoient de leursdites poursuittes, apres avoir fait tout ce qu'ils auroient pû pour perdre le Sieur Marcara & son fils en leur honneur, en leurs biens, & en leurs personnes ; on ne parloit déja plus de lever l'Interrogatoire ; on laissoit tout-là, comme si l'Instance eust esté tout-à-fait finie.

Le Sieur Marcara pere ne s'endormit pas pour cela ; car environ douze jours apres, il presenta sa Requeste au Roy & à son Conseil, contenant les quatre Chefs de demandes dont il s'agit.

Les Sieurs Directeurs ayant eu vent de cette Requeste, firent tant qu'elle ne fut réponduë que le 15 Mars 1676. qui est un an ou peu s'en faut, apres qu'elle avoit esté presentée, pendant lesquels ils amusoient le Sieur Marcara de belles propositions & promesses qu'ils luy faisoient faire, sans qu'elles ayent eu aucune execution.

Enfin le sieur Marcara se voyant poussé à bout, & qu'il ne pouvoit avoir raison de façon ny d'autre desdits sieurs Directeurs, il poursuivit auprés de Mr Turgot Commissaire susdit, son Ordonnance sur ladite Requeste, laquelle ledit sieur Commissaire y apposa ledit jour 6. Mars 1676.

Cette Requeste ayant esté communiquée le lendemain 7. aux sieurs Directeurs ; Ils y répondirent enfin, par autre Requeste du 14. Avril ensuivant.

Le payement qu'ils luy ont voulu faire d'abord, ce sont des injures, des outrages & des invectives. Quoy que le sieur Marcara pere, ait fait divers voyages lointains au-de-là & au de-ça les

---

pere & fils se presentent à Monsieur Turgot, & sont par luy interrogez.

213.
Le present Factum est un recit fidelle de tout ce qui s'est passé contre les sieurs Marcara : Le tout bien justifié au procez.

Les sieurs Directeurs generaux surseoient leurs poursuites.

214.
Le sieur Marcara se pourvoit contre eux sur les 4. chefs mentionnez, au commencement du Factum.

215.
Les sieurs Directeurs generaux empeschent pendant un an que la Requeste du sieur Marcara ne soit réponduë.
La Requeste du sieur Marcara enfin réponduë le 5. Mars 1676.

216.
Les sieurs Directeurs generaux y répondent le 14. Avril suivant.
Veulent payer le sieur Marcara d'injures & d'outrages.
Le sieur Marcara

Mers ; Il n'a vû aucune contrée où telle monnoye fuſt de miſe pour acquiter des debtes , & lors que le ſieur Marcara eſtant à Paris , comparut & fut examiné en tant d'aſſemblées que tinrent Meſſieurs les Directeurs à ſon occaſion , par la derniere deſquelles ils arreſterent (comme il a eſté dit) qu'il ſeroit envoyé à Madagaſcar , pour le ſervice de la Compagnie , où ſes Offices & appointemens ſeroient reglez par le Conſeil ſouverain de l'Iſle Dauphine , & par les Sieurs de Faye & Caron , Directeurs Generaux leurs Collegues , ils l'auroient bien obligé de luy dire pour lors , qu'ils n'avoient pas d'autre monnoye à luy donner en payement , & recompenſe des ſervices qu'il rendroit à leur Compagnie , ledit Sieur Marcara ſe feroit bien donné de garde d'entreprendre aucuns voyages pour eux.

Quoy qu'il en ſoit le Sieur Marcara ne s'arreſte pas à repouſſer leurs injures & leurs invectives ; Il eſt trop perſuadé qu'elles ſont toûjours , la raiſon de ceux qui en manquent , & ce qui le conſole encore plus fortement , c'eſt qu'elles ſont en abomination dans le Tribunal Auguſte de Sa Majeſté , à la ſeule approche duquel elles s'évanoüiſſent. Voilà le General payement.

Quant au particulier du premier Chef de demande du Sieur Marcara pere , pour ſeſdits appointemens depuis le 23. Decembre 1666. juſques à preſent. Les Sieurs Directeurs excipent , Ils diſent que le ſieur Marcara n'a aucun titre , qu'ils n'ont contracté avec luy aucune obligation ; tout au contraire , que le ſieur Marcara leur eſt redevable d'une ſomme de 1500. liv. pour obligation paſſée à Paris le 13. Novembre 1666.

A quoy il eſt aiſé de ſatisfaire les ſieurs Directeurs : Le ſieur Marcara les croit encore d'aſſez bonne foy pour avoüer qu'ils ſçavent bien que le ſieur Marcara s'eſt preſenté à Sa Majeſté , lors qu'il eſtoit à Paris , & qu'il luy offrit ſes ſervices pour leur Compagnie , que Sa Majeſté le renvoya à Mr Colbert , Mr Colbert à Meſſieurs de Thou & Berrier ; Qu'il fut admis en pluſieurs aſſemblées que leſdits ſieurs Directeurs tinrent à ſon occaſion ; Qu'il y fut jugé capable pour eſtre employé au Commerce des Indes pour leur ſervice ; Qu'ils ont fait un reſultat entre eux , portant que luy ſieur Marcara ſeroit envoyé à Madagaſcar , où lors qu'il ſeroit arrivé , le Conſeil Souverain de l'Iſle-Dauphine , & les ſieurs de Faye & Caron Directeurs generaux , leurs Collegues regleroient plus amplement ſes Offices & appointemens : Que ſeſdits appointemens , ainſi à regler ſur les lieux ne laiſſeroient pas de luy eſtre payés du jour de ſon embarquement de France pour les Indes. Cette deliberation eſt dans les Regiſtres de leur

Compagnie, Ils n'en peuvent pas disconvenir.

En veuë de cét Arresté ou resultat, ils luy obtiennent des Lettres de naturalité, luy promettent de solliciter pour luy l'affaire qu'il avoit en Italie, contre la succession de ce Banquier qui luy estoit redevable d'une somme tres-considerable, luy disent qu'il n'a qu'à s'en reposer sur eux, & qu'il parte incessamment pour leur service, luy font laisser une Procuration tres-ample avec ses autres papiers entre les mains du sieur Hardancourt leur Secretaire, ce qu'il fait. 222. Confirmation.

Ils luy avancent la somme de 1500. livres à titre de prest dont ils luy font passer un Acte pardevant les mesmes Notaires, que le sieur Marcara signa à l'aveugle & sur leur seul rapport, & sans qu'il entendit ce qu'il contenoit. 223. Confirmation.

Ledit sieur Marcara les convainc encore par le même acte (sans toute-fois l'approuver és chefs qui luy sont contraires) par iceluy, Ils luy donnent qualité de naturalisé François, & d'Agent de leur Compagnie. 224. Continuation.

Voilà des preuves fortes & convaincantes, que lesdits sieurs Directeurs ont reconnu ledit sieur Marcara pour leur Officier & Agent, ce qui ne laisse plus aucune matiere d'en douter, preuve de sa qualité requise. 225. Suite.

En faut-il davantage? Qui seroit si simple de croire que lesdits sieurs Directeurs avisez comme ils sont, eussent voulu prester à un estranger du fonds de la Perse, comme est le sieur Marcara, une somme de 1500. livres, comme ils ont fait, ainsi qu'ils le disent, s'ils ne l'eussent déja pour lors reconnu pour leur Officier ; Qu'ils luy eussent fait present à Paris de riches Estofes de Brocard d'Or & d'Argent, & du plus beau Drap de Hollande pour se vestir, lors qu'il seroit arrivé aux Indes ; Qu'ils eussent payé les frais de son voyage depuis Paris jusques à Saint Malo, lieu de l'embarquement, & ceux de son sejour audit Saint Malo, pendant un mois, jusques au jour de son embarquement, & ses frais jusques aux Indes. 226. Suite.

Cette action auroit esté bien loüable en eux de faire des dons & des prests de cette consequence à un Estranger à eux inconnu ; Les Communautez d'ordinaire ne font pas de si grandes largesses.

Il est encore estrange que les sieurs Directeurs veulent dire, que le Traité du 14. Octobre fait entre les Sieurs de Faye & Caron, & le sieur Marcara ait esté conclud sans leur aveu & reconnoissance. 227. Le desaveu mal fonde des sieurs Directeurs generaux du Traité fait avec le sieur Marcara.

Ce traité ne fait que suivre leur deliberation, & l'ordre particu- 228. Combien ce Traité est raisonnable &

conforme à l'arrest des sieurs Direc- teurs.

lier qu'ils leur en donnoient par leurs Lettres & Despesches adressées audit Conseil Souverain de l'Isle-Dauphine , & ausdits sieurs Directeurs de Faye & Caron qui leur furent rendües à l'arrivée du Vaisseau à Madagascar. La deliberation porte, Que ledit Conseil, & lesdits sieurs Caron & de Faye regleront ses Offices & appointemens. Ils les reglent , dequoy se plaignent les sieurs Directeurs ? Ils ne sont pas excessifs ; Ils n'en adjugent pas davantage au sieur Marcara , homme experimenté dans le negoce, qu'au nommé de Line Hollandois, qui ne possedoit qu'une petite partie de ces mesmes charges & employs, quoy que peu versé au negoce, & qui n'avoit que la direction d'un seul Comptoir : Et si les sieurs Directeurs vouloient representer les Registres de leur deliberation, de quoy ayans esté sommés, ils n'ont rien voulu faire ; on y trouveroit ledit Ordre & l'Employ desdits appointemens inserez.

229.
Les sieurs de Faye & Caron Directeurs generaux ont traité avec le sieur Marcara , fondez de toute l'autorité & pouvoir requis pour cela.

Et quand il n'y auroit point de deliberation ny de dépesches particulieres desdits sieurs Directeurs Generaux ; point de Lettres de naturalité ; point de qualité d'Agent, ny Presens donnez , ny frais payez pour le voyage dudit sieur Marcara ; Il suffiroit qu'il a traité de bonne foy avec les sieurs de Faye & Caron Directeurs Generaux envoyez par Sa Majesté,& deputez par eux Sieurs Directeurs Generaux de Paris pour l'establissement du commerce de ladite Compagnie dans les Indes, avec l'authorité & pouvoir necessaire , & requis pour ledit establissement. Ils sont reconnus pour tels dans les Indes, & autres lieux où ils se transportent. Les autres Officiers par eux établis ont traité de mesme, & ç'auroit esté une chose bien inutile ausdits sieurs Directeurs de Paris de les deputer sans pouvoir , qui consiste particulierement en l'institution des Officiers & Ministres necessaires ; d'où il resulte par une suite infaillible que les sieurs Directeurs de Paris sont tenus d'observer, & entretenir tout ce qui par lesdits Sieurs de Faye & Caron Directeurs Generaux , leurs Collegues a esté fait, geré & negotié. *Quod quis per alium facit, per seipsum facere videtur* ; Et en effet, ils ont tenu & observé tout ce qui a esté fait en toutes manieres, tant à Madagascar qu'aux Indes, par lesdits Sieurs de Faye & Caron, fors & excepté en ce qui a touché ledit sieur Marcara, lequel à tres-juste titre demande sesdits appointemens du jour de son embarquement de France jusqu'à fin de Procez.

230.
Il n'a pas tenu au Sieur Marcara qu'il n'ait continué ses services à la Compagnie.

Que si le sieur Marcara n'a pas servy tout le tems qu'il s'estoit obligé , à qui en doit estre imputée la faute qu'à eux-mesmes Sieurs Directeurs , ou quoy que c'en soit à leur deputé le sieur Caron leur Collegue, qui l'a tenu toûjours avec son fils dans des

231.
Il en a esté em-

cachots des Faits duquel ils font tenus , & eux-mefmes les ont tenus dans des prifons du Fort-Louys pendant vingt-un mois par la force majeure.

Et puis que la Compagnie s'eft obligée par le Traité des Sieurs de Faye & Caron Directeurs Generaux , de payer au fieur Marcara fes appointemens au cas qu'il fuft arrefté prifonnier par les Corfaires de toutes les Nations , comme s'il avoit fervy actuellement ; il eft bien jufte qu'ils les luy payent pendant tout le temps de fa detention , & à la verité le fieur Marcara auroit bien voulu eftre à la peine de ne point demander d'appointemens, & n'avoir pas efté traité, fouffert , & gémy, comme il a fait. Tant qu'il vivra il fentira les marques des cruautés qu'on luy a fait endurer.

Pour le fecond chef des demandes du fieur Marcara touchant les fix mille livres aufquels il s'eft reduit pour l'enlevement de fes hardes , & autres effets fufdits , il n'y a rien de plus juridicque ; On le traifne fcandaleufement dans une Prifon, & pendant que les uns font occupez à cette étrange execution, les autres en mefme temps , pillent enlevent , & emportent tout ce qui eft dans fa maifon où eftoit le Comptoir de la Compagnie à Maffulipatam, tout eft en proye. On ne s'amufe point à faire d'Inventaire, ny de defcription de ce que l'on ravit ; Point d'Ordonnance d'enlever, Point de formalités de Juftice, il ne faut point de preuve à une action publique , comme eftoit celle-là, l'on n'en peut difconvenir. Si les meubles, hardes, & effets enlevez eftoient en nature, l'on verroit bien par l'eftimation qui en feroit faite, qu'ils valoient le double de ce à quoy fe reduit ledit fieur Marcara ; mais il veut bien fe contenter defdits fix mil livres pour obvier à toutes conteftations contraires. Et s'ils s'attaquent aufdits fieurs Directeurs , c'eft qu'ils doivent eftre garends des Officiers qu'ils commettent eux mefmes , ou qu'ils donnent pouvoir de commettre.

La fomme de mil-cinq cens livres eft legitimement deuë par le Sieur Beber audit Sieur Marcara , il n'y a plus lieu d'en douter, puis qu'il y eft condamné par un Arreft, en vertu duquel faifie a efté fait te entre les mains du Sieur Caron , fur plus grande fomme qu'il avoit du Sieur Beber entre fes mains, & fi le Sieur Marcara s'adreffe aufdits Sieurs Directeurs pour que cette fomme de mil cinq cens livres luy foit delivrée, c'eft qu'ils ont environ quinze mil Roupis appartenans audit Beber qui font environ 22000 liv. monnoye de France que le Sieur Caron avoit receuë pour la Compagnie , & qu'il leur a mis entre les mains.

Le quatriéme chef de demande du Sieur Marcara touchant ses dépens, dommages, & interests est de la derniere importance, & tout plein de justice, il concerne & le pere & le fils.

Il faudroit abolir toutes les maximes de Droit, & renverser toutes les Loix, Ordonnances & Coûtumes, si on leur dénioit des dépens, dommages & interests, pour avoir esté emprisonnez pendant quatre ans & demy entiers, ou environ sans aucun sujet, & pour l'étre encore à present depuis plus de 53. mois à la poursuite de leur dette, avec des peines & des dépenses ausquelles ils ne peuvent enfin plus subvenir, & souffert des cruautez inouïes amplement enoncées dans le Fait cy-devant contenu.

Peut-on s'imaginer qu'on en soit quitte de cette maniere, qu'il n'y ait qu'à ravir la liberté à des gens d'honneur & les reduire en esclavage, qu'à ternir la reputation d'un homme, luy faire perdre mille beaux emplois avantageux qui se presentoient aux Indes, & qu'il a toûjours refusé pour s'appliquer tout entier, comme il a fait, au service d'une Compagnie qui le voudroit à present, si elle pouvoit payer d'ingratitude, & qui bien loin de le recompenser, luy refuse mesme jusques à ses legitimes appointemens.

Sera-t-il dit, Que le Sieur Marcara soit à present hors d'estat, comme il est, d'embrasser aucuns emplois, par toutes les cruautez exercées en son endroit; dont le Tableau funeste est dépeint cy-dessus tout au long.

Que son fils dans la plus ferme vigueur de son âge ait esté empesché par des Tyrans, de faire sa fortune avec les avantages dont la nature l'avoit doüé, & l'appuy de son pere qui auroit achevé de le perfectionner dans les affaires, que tout innocent qu'il estoit il ait souffert, comme son pere sans sujet, sans pretexte ny cause.

Que le corps du Pere & du Fils soient usez & cassez par les Prisons, les Cachots, les Fers, le Froid, le Chaud, la Faim, la Soif, la Nudité, & mille autres cruautez, qu'on a exercées en leur endroit, & ceux qui ont fait ces beaux projets sont le Sieur Caron Directeur General, l'un des Collegues desdits Sieurs Directeurs Generaux par leur aveu, ce sont les Officiers propres de leur Compagnie, & en un mot, ce sont eux mesmes qui ont tout fait, le Sieur Caron n'ayant agy que par le pouvoir qu'il luy en ont donné, ils ont esté les premiers mobiles; D'ailleurs ils l'ont authorisé en tout, ayans fait detenir eux-mesmes & par leur ordre & mandement expres lesdits Sieurs Marcara pere & fils, prisonniers pendant 21. mois au Port Loüis, S'ils en vouloient disconvenir leur propre Lettre du 6. Avril 1669. écrite aux Sieurs

de

de Faye & Caron produite au Procez les condamneroit, par laquelle ils laiſſent expreſſement à la prudence dudit Sieur Caron de
licencier ou renvoyer le Sieur Marcara en France de la maniere
qu'il jugera la plus avantageuſe, au bien & à la reputation de
leurs affaires. Ce ſont les propres termes de leur Lettre, le Sieur
Caron eſt ſans contredit Directeur General dans les Indes ; Il a
comme leur Collegue, rang, ſceance, voix deliberative comme
un d'eux dans leurs aſſemblées à Paris, lorſqu'il s'y rencontre, & il
eſt ſi vray qu'il n'a rien fait que par authorité de la Compagnie, que
quand il decerne ſon Decret pour arreſter *vif ou mort* le Sieur Marcara ; Il uſe de ces termes ; *De ce faire, Donnons au nom de la Com-*
pagnie & au noſtre, plein & entier pouvoir d'agir, ainſi qu'il aviſera
bon eſtre, pour le bien & ſervice de ladite Compagnie.

En faut-il davantage pour convaincre leſdits Sieurs Directeurs,
qu'ils ſont indiſpenſablement tenus de tout ce qu'a fait & exercé
ledit Sieur Caron leur Collegue, & par leur aveu en la perſonne
des Sieurs Marcara Pere & Fils, & des legitimes dépens, dommages & intereſts qu'ils demandent.

Voilà les quatre Chefs de demande deſdits Sieurs Marcara Pere
& Fils, ſuffiſamment eſtablis, non de paroles, mais par bonnes &
authentiques Pieces produites au Procez ; il n'en reſte plus que la
condamnation contre leſdits Sieurs Directeurs Generaux, que leſdits Sieurs Marcara Pere & Fils attendent de la Juſtice de Sa Majeſté & de ſon Royal Conſeil, qui par toutes les Pieces produites
de part & d'autre verront bien l'équité deſdites demandes, & la
foibleſſe des deffenſes deſdits Sieurs Directeurs.

Car leſdits Sieurs Directeurs ſe voyant ainſi preſſez par leſdits
Marcara Pere & Fils, pour le payement de ce qui leur eſt dû,
& ne ſçachans plus à quel moyen recourir, ſe ſeroient aviſez d'a-
vancer dans leur premiere Requeſte que ledit Marcara devoit eſtre
tenu (bien loin de leur faire telle demande) de leur rendre compte
de la ſomme de 200000 livres, qu'ils diſoient qu'il avoit tóuchée
de leurs deniers, & par apres reconnoiſſans leur erreur, ils ſont de-
meurez d'accord qu'il les avoit rendus, & ſe ſont reſtraints ſeulement à 22300. tant de livres, dont ils ont dit qu'il leur eſtoit redevable par la cloſture de ſes Comptes, ce qui eſt déja une contraire-
té & une implication bien grande, bien que pendant vingt-un mois
qu'ils ont detenu leſdits Sieurs Marcara Pere & Fils en la Citadelle du Port Louys ; Ils ne ſe ſoient jamais aviſez de leur demander
aucune reddition de Compte.

A cela le ſieur Marcara leur a répondu poſitivement qu'il eſtoit
vray qu'il avoit rendu ſes Comptes en forme authentique à Maſſu-

---

Notes marginales :

240.
Les quatre deman-
des du ſieur Mar-
cara ſont bien éta-
blies en droit &
juſtice.

241.
Les ſieurs Dire-
cteurs generaux ſe
contrediſent en la
demande qu'ils font
au ſieur Marcara de
rendre ſes comptes,
de 200000 livres,
& reconnoiſſent en-
fin qu'il les a déja
rendus, & qu'il ne
leur reſte redevable,
que de 9894. livres.

lipatam au mois d'Aoust de l'année 1670. pardevant le sieur Goujon, comme ayant l'ordre par écrit dudit sieur Caron Directeur General, auquel ordre le sieur Marcara défera d'autant plus volontiers qu'il portoit de l'arrester *vif ou mort* pour les luy faire rendre ; mais non pas de la maniere que le pretendent lesdits sieurs Directeurs, qui rapportent aujourd'huy deux fragmens de Compte fabriquez par les sieurs Goujon & Martin comme il aura voulu, & dans lesquels il a tronqué, changé, & alteré ce que bon leur a semblé, lesquels leurs ont esté envoyez par le sieur Caron Directeur General leur Collegue ; c'est justement ces deux fragmens ou extraits volans dont il a esté cy-devant amplement parlé, que le sieur Marcara fut forcé de signer, le pistolet sous la gorge le 22. Septembre 1670. pendant qu'il estoit détenu en prison à Massulipatam, avec menace de le tuer, & au bas desquels neantmoins malgré toute la violence, il ne laissa pas de mettre après sa signature la clause, *sauf erreur*, & fit ainsi sa protestation à l'encontre, autant que sa captivité luy pouvoit permettre.

C'est pourquoy ces extraits ou fragmens estans faux & fabriquez, il n'y a plus lieu de s'y arrester, & sa Majesté & son Conseil à la seule veuë & inspection d'iceux, verront bien qu'ils sont manifestement faux d'autant plus qu'ils ne sont pas conformes l'un à l'autre, & que les Sieurs Directeurs ne les rapportent que pour tirer en longueur , & lasser le Sieur Marcara , pour l'obliger à se deporter de ses demandes.

Finalement l'Arrest du premier Avril 1669. surpris au Conseil d'Estat de Sa Majesté par les Sieurs Directeurs Generaux, outre l'Arrest du Conseil de l'Isle Dauphine, donné en faveur du Sieur Marcara , sur un faux exposé leur est d'une si foible consequence qu'ils ne l'ont jamais voulu faire signifier. Cependant ils voudroient pretendre qu'il casse l'Arrest du Conseil Souverain de l'Isle Dauphine du premier Avril 1669. obtenu par le Sieur Marcara Pere, qui leve l'interdit contre luy prononcé, & le restablit en ses droits, honneurs & appointemens.

Cette pretention des Sieurs Directeurs est si vague & si dénuée de raison, qu'elle ne merite pas qu'on y fasse la moindre attention. Le Sieur Caron par sa pretenduë Sentence du quatorziéme d'Avril 1668. interdit le Suppliant de sesdites charges & appointemens, jusques à ce que plus amplement le Conseil Souverain de l'Isle Dauphine en ait ordonné.

Ledit Sieur Caron par ainsi s'en rapporte donc audit Conseil, auquel il envoye luy mesme les Pieces sur lesquelles il a rendu sa Sentence.

Ledit fieur Marcara ne peut donc s'adreffer ailleurs ; Il s'y tranf-porte ou plûtoft le Sieur Caron l'y fait tranfporter chargé de fers pour ce fujet. Ce Confeil fur veû de pieces caffe la Sentence du fieur Caron, leve l'Interdit par luy prononcé contre le fieur Marcara, & le rétablit en fes Charges & Appointemens. Qu'y a-t-il de plus Juridique ?

Outre que cette procedure ne regarde en façon quelconque aucun des motifs & raifons pour lefquelles Sa Majefté a fupprimé ledit Confeil de l'Ifle-Dauphine.

Partant la Sentence du Sieur Caron demeure caffée & annullée, & l'Arreft du Confeil de l'Ifle Dauphine demeure en fon entier, ainfi comme Sa Majefté & fon Confeil en feront perfuadez par la lecture, qu'ils auront la bonté de prendre des Pieces produites.

Les Sieurs Marcara pere & fils croyent avoir fuffifamment éclaircy leur bon droit. Ils ont une confiance entiere en la Clemence & Juftice de Sa Majefté, qui les a déja tiré de leur captivité, qu'elle leur rendra une entiere juftice, & qu'elle fera éclater encore davantage la gloire de fon Nom par tous les Royaumes du Levant qui font informez de cette affaire, & qui en attendent une refolution digne de la haute Sageffe qu'ils reverent avec toutes les autres grandes vertus Royales en fa perfonne Sacrée.

Partant lefdits Sieurs Marcara pere & fils, perfiftent en toutes leurs demandes, fins & conclufions prifes en l'Inftance qui leur feront, s'il plaift à Sa Majeftê, & à fon Royal Confeil, adjugées avec dépens, fans avoir égard à la pretenduë demande incidente defdits Sieurs Directeurs, dont ils feront deboutez.

Monfieur **TURGOT SAINT CLAIR**, *Rapporteur.*

A prefent au Grand Confeil Monfieur, **MARIDAT**, *Rapporteur.*